2023
中国新能源发电并网
分析报告

《2023 中国新能源发电并网分析报告》编写组　编著

中国电力出版社
CHINA ELECTRIC POWER PRESS

内 容 提 要

本报告通过梳理新能源年度并网发展现状与相关政策，总结发展趋势与特点；通过典型国家新能源发展政策与消纳措施分析，总结经验借鉴；通过专题研究与典型案例介绍，给出行业视角的发展研判和建议，为新能源发电并网高质量发展提供参考。

本报告可供数据分析人员、信息化建设人员、科研咨询人员、企业管理者和国家相关政策制定者参考使用。

图书在版编目（CIP）数据

2023 中国新能源发电并网分析报告/《2023 中国新能源发电并网分析报告》编写组编著 . —北京：中国电力出版社，2023.9

ISBN 978 - 7 - 5198 - 8099 - 6

Ⅰ. ①2… Ⅱ. ①2… Ⅲ. ①新能源－发电－研究报告－中国－2023 Ⅳ. ①F426.61

中国国家版本馆 CIP 数据核字（2023）第 165130 号

出版发行：中国电力出版社
地　　址：北京市东城区北京站西街 19 号（邮政编码 100005）
网　　址：http://www.cepp.sgcc.com.cn
责任编辑：刘汝青（010-63412382）　董艳荣
责任校对：黄　蓓　朱丽芳
装帧设计：赵姗姗
责任印制：吴　迪

印　　刷：三河市万龙印装有限公司
版　　次：2023 年 9 月第一版
印　　次：2023 年 9 月北京第一次印刷
开　　本：787 毫米×1092 毫米　16 开本
印　　张：6.75
字　　数：124 千字
印　　数：0001—2000 册
定　　价：88.00 元

《2023 中国新能源发电并网分析报告》

编 委 会

主　任　张运洲

委　员　张正陵　王耀华　李伟阳　吴宝英　佟明东
　　　　裴哲义　虞立涛　吴　静

编 写 组

组　长　张　栋　鲁　刚

成　员　张富强　冯凯辉　余秋霞　吕梦璇　张圣楠
　　　　葛　毅　徐　波　冯君淑　张晋芳　朱浩骏
　　　　游沛羽　郭厚静　朱刘柱　孙大卫　路　畅
　　　　樊　昊　蔡　涛　杜　鹏　胡　静　闫　湖
　　　　张　妍　徐加银　程学坤　李　岩　刘　飞
　　　　龚钰莹　朱任翔　刘　蕊　洪博文　时智勇
　　　　陈　宁　孙东磊　沈玉明　巩　宇　孟子涵
　　　　李娜娜

　　为促进业内交流、服务行业发展，中国可再生能源学会可再生能源发电并网专业委员会（简称"并网专委会"）采用政府部门、行业协会及国内外知名研究机构的公开数据，结合对新能源并网发展的相关研究，撰写了《2023中国新能源发电并网分析报告》。本报告梳理了新能源发展现状、消纳利用情况、参与电力市场运行情况；总结了我国近年来的新能源政策及特点，研判了"十四五"新能源消纳形势及挑战；整理了英国和印度新能源发展现状、主要政策与促进消纳的措施；专题研究了沙戈荒大型风电光伏基地开发、提升分布式光伏接入电网承载力的储能配置、江苏海上风电并网发展、新能源与煤电统筹发展等内容；结合相关并网发展实践，介绍了新能源云助力实现"双碳"目标、安徽金寨高比例新能源电网规划与运行控制、新能源虚拟同步机技术示范、山东新型储能发展实践等案例，期冀为行业持续健康发展提供参考。

　　本报告第1章1.1节和1.2节由张栋主笔，1.3节由张栋、张圣楠、张妍、龚钰莹等联合主笔；第2章2.1节由张栋主笔，2.2节由吕梦璇、张富强主笔；第3章由张栋主笔；第4章4.1节由张栋、游沛羽、冯君淑主笔，4.2节由冯凯辉主笔，4.3节由葛毅主笔，4.4节由吕梦璇、张富强主笔；第5章由国网发展策划部、国网安徽经研院、国网冀北电科院、国网山东经研院提供材料。

前　言

张运洲主任委员从立题到成稿，全程指导了书稿的编写与修改工作。张正陵、吴静、佟明东、李伟阳、王耀华、裴哲义等专委会领导多次参加书稿讨论会，审阅书稿并提出修改意见。

并网专委会挂靠于国网能源研究院有限公司，在本报告编写过程中，得到了国网能源研究院有限公司相关领导同事的大力支持和帮助，在此表示衷心的感谢。本报告还得到了国家电网有限公司发展策划部等总部相关部门、电力规划设计总院、南方电网能源发展研究院、内蒙古电力经济技术研究院、国网江苏省电力有限公司经济技术研究院、国网冀北电力有限公司电力科学研究院、国网山东省电力公司经济技术研究院、国网安徽省电力有限公司经济技术研究院、国网青海省电力公司经济技术研究院等单位相关专家的大力支持和帮助，在此表示诚挚的感谢。

由于作者水平有限、掌握的资料有限，书稿中难免有疏漏和不足之处，恳请读者批评指正。

编著者

2023 年 6 月

目 录

1

新能源并网发展现状

2022 年，我国新能源[1]发电并网装机容量保持快速增长，年新增装机规模创历史新高，光伏累计并网装机容量首次超过风电装机，新能源的技术经济指标持续向好，风电和光伏发电消纳利用率继续保持较高水平，新能源参与电力市场竞争取得了明显进展，呈现出良好的发展态势。

1.1 发 展 现 状

1.1.1 总体情况

截至 2022 年底，我国新能源发电并网装机容量达到 7.99 亿 kW（其中风电和光伏发电装机容量为 7.58 亿 kW[2]），同比增长 18.7%，占总装机容量（25.64 亿 kW）的 31.2%，同比增长 2.9 个百分点；新能源发电量 1.37 万亿 kW·h（风电和光伏发电量为 1.19 万亿 kW·h，首次突破 1 万亿 kW·h），同比增长 19.6%，占总发电量（8.69 万亿 kW·h）的 15.8%，同比增长 1.6 个百分点。

2022 年我国电源装机与发电量结构如图 1-1 所示。

1.1.2 风电

（一）并网装机

截至 2022 年底，全国风电累计并网装机容量达到 3.65 亿 kW，同比增长

---

[1] 本报告在介绍装机容量和发电量时，主要包含风能、光伏和生物质能发电，在政策分析、发展展望及重点问题研究时主要为风能和光伏发电。

[2] 中国电力企业联合会，2022 年全国电力工业统计快报。

1

11.2%，增速为近年来的最低值。"十二五"期间，风电并网装机年均增长2020万kW，"十三五"期间，年均增长3020万kW，"十四五"前两年，年均新增4200万kW。2010—2022年我国风电并网装机容量及增长率如图1-2所示。

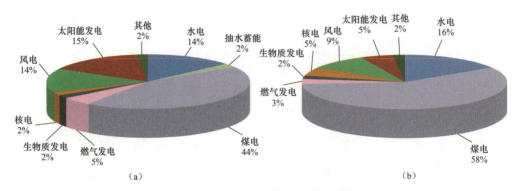

图 1-1　2022 年我国电源装机与发电量结构

（a）电源装机结构；（b）发电量结构

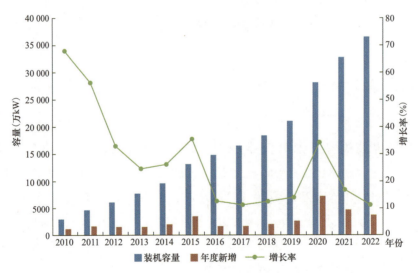

图 1-2　2010—2022 年我国风电并网装机容量及增长率

我国风电并网装机容量领跑世界。自2011年超过美国跃居世界首位以来，我国风电并网装机容量持续快速增长，与第二名（美国）之间的差距持续扩大。截至2022年底，我国风电累计并网装机容量占全球总装机的41%，是美国的2.6倍❶。2022年，我国风电新增并网装机容量约占全球新增容量的50%。主要

---

❶　数据来源：IRENA，Renewable Capacity Statistics 2023。

国家风电装机容量及中国占比如图 1-3 所示，截至 2022 年底主要国家风电装机容量占比如图 1-4 所示。

图 1-3 主要国家风电装机容量及中国占比

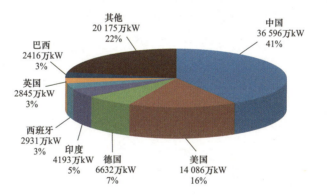

图 1-4 截至 2022 年底主要国家风电装机容量占比

（二）开发布局

2022 年，我国风电开发继续向资源条件好的"三北"（华北、东北、西北）地区集中。华北地区❶、东北地区和西北地区新增并网装机容量约占全国风电新增容量的 76%。

截至 2022 年底，华北地区风电累计并网装机容量居全国第一，占比为 29%，西北地区、东北地区、华中地区、华东地区和南方地区风电累计并网装机容量占比在 10%～13% 之间。

---

❶ 区域划分按照电网覆盖区域。华北：北京、天津、河北、山东、山西、蒙西；东北：黑龙江、吉林、辽宁、蒙东（呼伦贝尔、兴安、通辽、赤峰四个盟市）；华东：上海、江苏、浙江、安徽、福建；华中：河南、湖北、湖南、江西、四川、重庆；西北：陕西、甘肃、青海、宁夏、新疆、西藏；南方：广东、广西、贵州、云南、海南。

2022 年各地区风电累计并网装机容量及新增并网装机容量占比如图 1-5 所示。

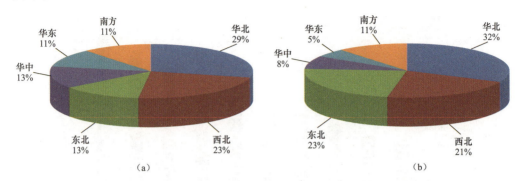

(a) (b)

图 1-5 2022 年各地区风电累计并网装机容量及新增并网装机容量占比
(a) 累计并网装机容量占比；(b) 新增并网装机容量占比

截至 2022 年底，内蒙古风电累计并网装机容量达到 4548 万 kW，居全国第一位。2022 年，新增并网装机规模超过 300 万 kW 的省（区）共有 4 个，分别为内蒙古 552 万 kW、吉林 478 万 kW、甘肃 348 万 kW、山东 360 万 kW。2022 年共有 13 个省（区）风电累计并网装机容量超过 1000 万 kW，如图 1-6 所示。

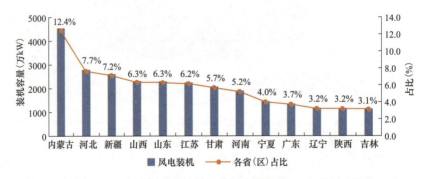

图 1-6 截至 2022 年底风电累计并网装机容量超过 1000 万 kW 的省（区）

（三）发电量与利用小时数

2022 年，风电发电量达到 7624 亿 kW·h，同比增长 16.3%，占全国总发电量的 8.8%。全国风电平均利用小时数为 2221h，同比下降 11h。全国有 10 个省（区）风电设备平均利用小时数超过 2300h，具体如图 1-7 所示。

1.1.3 太阳能发电

（一）并网装机

截至 2022 年底，全国太阳能发电累计并网装机容量达到 3.93 亿 kW（其中

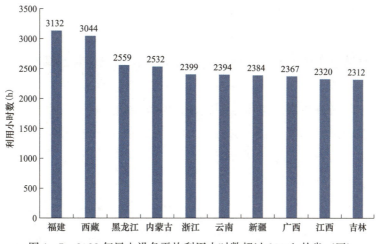

图 1-7 2022 年风电设备平均利用小时数超过 2300h 的省（区）

光热装机容量为 58.8 万 kW❶，光伏装机容量为 3.92 亿 kW❷），同比增长 28.1%。其中，集中式光伏装机容量为 2.34 亿 kW，同比增长 18.1%；分布式光伏装机容量为 1.58 亿 kW，同比增长 46.6%。2022 年，光伏发电新增并网装机容量为 8740.8 万 kW，为历年以来年投产规模最大，其中，集中式光伏装机容量为 3629.4 万 kW、分布式光伏装机容量为 5111.4 万 kW。

"十二五"期间，太阳能发电装机年均增长 839 万 kW；"十三五"期间，年均增长高达 4225 万 kW；"十四五"前两年，年均新增 6952 万 kW。我国太阳能发电装机容量（主要是光伏）加速增长趋势显著。

2010—2022 年我国太阳能发电累计并网装机容量及增长率如图 1-8 所示。

图 1-8 2010—2022 年我国太阳能发电累计并网装机容量及增长率

❶ 《中国太阳能热发电行业蓝皮书》。
❷ http：//www.nea.gov.cn/2023-02/17/c_1310698128.htm。

我国太阳能发电并网装机容量领跑世界。 自 2015 年以来，我国太阳能发电累计并网装机容量连续 8 年保持世界第一。近年来，我国太阳能发电装机增长迅猛，与第二梯队（美国、日本和德国）的装机容量领先优势持续扩大。截至 2022 年底，我国太阳能发电累计并网装机容量约占全球总装机的 37%。2022 年，我国太阳能发电新增并网装机容量约占全球新增容量的 45%。主要国家太阳能发电装机容量及中国占比变化情况如图 1-9 所示，截至 2022 年底主要国家太阳能发电装机容量及占比如图 1-10 所示。

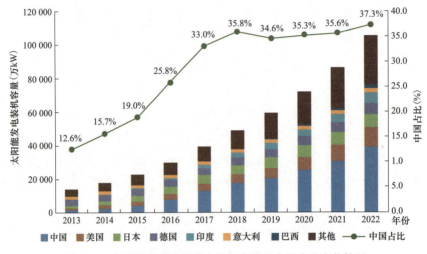

图 1-9　主要国家太阳能发电装机容量及中国占比变化情况

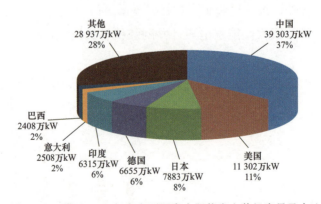

图 1-10　截至 2022 年底主要国家太阳能发电装机容量及占比

（二）开发布局

2022 年，我国太阳能发电开发布局继续呈东部、南部与西部、北部并重格局，集中式与分布式新增容量比例为 42∶58。2022 年，华北地区、华东地区、华中地区新增装机分居全国前三位，合计约占全国新增装机的 68%。截至 2022 年底，华北地区、西北地区和华东地区太阳能累计并网发电装机容量分列全国前三位，合计约占全国太阳能发电总装机容量的 69.2%。

2022 年我国各地区太阳能发电装机占比与新增占比如图 1-11 所示。

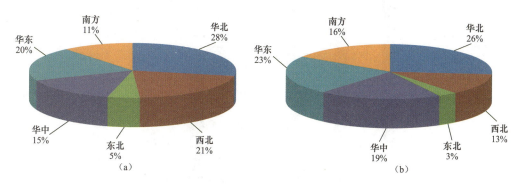

图 1-11　2022 年我国各地区太阳能装机占比与新增占比

（a）装机占比；（b）新增占比

截至 2022 年底，山东、河北、浙江等 13 个省（区）的太阳能发电装机累计并网容量超过 1500 万 kW，其中，装机容量超过 3000 万 kW 的省份分别为山东省（4270 万 kW）和河北省（3855 万 kW）。太阳能发电并网装机容量超过 1000 万 kW 的省（区）及其占比情况如图 1-12 所示。

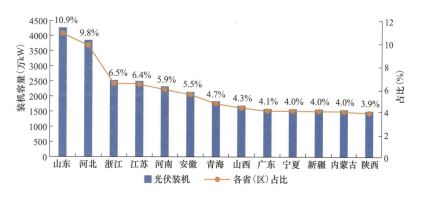

图 1-12　截至 2022 年底太阳能发电并网装机容量超过

1500 万 kW 的省（区）及其占比情况

（三）发电量与利用小时数

2022 年，太阳能发电量达到 4276 亿 kW·h，同比增长 30.8%，占全部发电量的 4.9%。全国太阳能发电平均利用小时数为 1337h，同比增长 56h。全国 7 个省（区）太阳能发电利用小时数超过 1500h，主要分布在东北地区、华北地区、西北地区。2022 年太阳能发电平均利用小时数超过 1500h 的省（区）如图 1-13 所示。

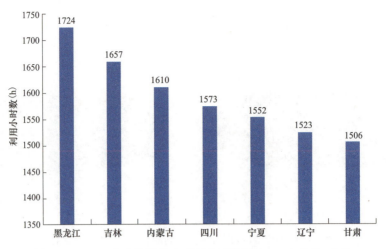

图 1-13　2022 年太阳能发电利用小时数超过 1500h 的省（区）

1.1.4　生物质发电

2022 年，我国生物质发电累计并网装机容量为 4132 万 kW，同比增长 8.5%，增速出现较大回落；2022 年，生物质发电量为 1838 亿 kW·h，同比增长 10.9%。2015—2022 年生物质发电并网装机容量及发电量情况如图 1-14 所示。

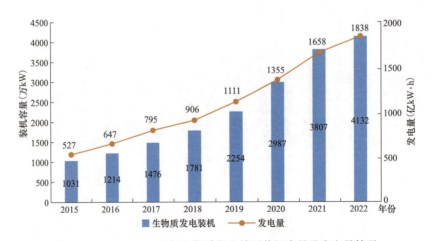

图 1-14　2015—2022 年生物质发电并网装机容量及发电量情况

1.2　消纳利用情况

近年来，在国家能源主管部门政策引导下，经过电网企业、发电企业、用户以及上游装备企业的共同努力，虽然年度风光新增并网装机容量连续超过 1 亿 kW，比"十三五"前四年（年均增长 6000 万 kW 左右）大幅增长，但我国风电利用率连续 4 年超过 95％、光伏发电利用率连续 5 年超过 95％，对推动电力行业低碳转型发挥了主力军作用。2022 年，我国风电利用率为 96.8％，光伏发电利用率为 98.3％。近年来我国风光发电利用率变化情况如图 1-15 所示。

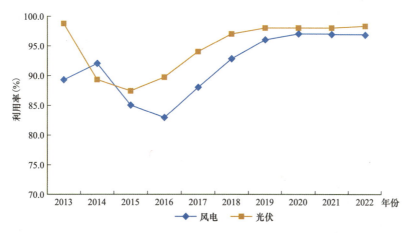

图 1-15 近年来我国风光发电利用率变化情况

1.3 新能源参与市场交易

1.3.1 电力市场建设发展

市场体系初步形成。2015 年，《关于进一步深化电力体制改革的若干意见》印发实施，标志着中国开启新一轮电改。根据配套发布的《关于推进电力市场建设的实施意见》，从时间尺度上看，电力市场主要由中长期市场和现货市场构成。中长期市场主要开展多年、年、季、月、周等日以上电能量交易和可中断负荷、调压等辅助服务交易。现货市场通过竞争形成分时市场出清价格，主要开展日前、日内、实时电能量交易和备用、调频等辅助服务交易。中长期市场发挥"压舱石"作用，承担大部分电量成交任务，保证电价整体稳定；现货市场主要反映电力供需和一次能源成本变化，承担了电力市场价格发现功能，能够精细精准优化电力资源配置。从范围上看，电力市场主要分为省间电力市场和省级电力市场两级市场。

市场化交易电量快速增长。新一轮电改实施以来，中国电力市场建设稳步有序推进，市场化交易电量比重大幅提升。按交易结算口径统计，2022 年全国市场交易电量共 5.25 万亿 kW·h，同比增长 39％，占全社会用电量的比重达到

60.8%，同比提高 15.4 个百分点❶，是 2015 年市场化交易电量的 7 倍。

新能源参与市场成为大势所趋。"2030 年前实现碳达峰、2060 年前实现碳中和"战略决策及目标对中国电力市场建设提出了新要求。2022 年 1 月 18 日，国家发展改革委、国家能源局印发《关于加快建设全国统一电力市场体系的指导意见》，提出了新能源全面参与市场的时间表，提出要有序推动新能源参与电力市场交易，鼓励新能源报量报价参与现货市场。2022 年 2 月 24 日，国家发展改革委办公厅印发《关于加快推进电力现货市场建设工作的通知》，提出鼓励新能源以差价合约形式参与现货市场，按照现货规则进行偏差结算。从政策发展来看，新能源参与电力市场交易已成为必然趋势。通过不断完善市场机制、交易机制、价格机制、结算方式，以市场的方式发现绿色电力的环境价值，更体现市场竞争的公平性，有利于促进新能源技术进步、降低成本和提升管理运行水平。

1.3.2　新能源参与电力市场交易

山西、山东、广东、蒙西是我国 2017 年确定的首批 8 个电力现货市场建设试点省区。2021 年 4 月，山西电力现货市场开始中长期与现货交易配套、批发与零售联动的不间断结算试运行。2021 年 12 月，山东电力现货市场启动不间断结算试运行。2022 年，广东电力市场顺利实施现货全年连续不间断运行，推动新能源试点参与现货市场。2022 年 6 月，蒙西电力现货市场正式启动连续结算试运行，是全国首个新能源无差别参与现货市场的试点地区。

（一）国家电网有限公司经营区

新能源同时参与省间交易和省内交易，以中长期交易为主。2022 年，国家电网有限公司组织新能源市场化交易电量为 3764 亿 kW·h，同比增长 53.6%，占新能源总发电量的 37.7%。其中，省间交易电量为 1418 亿 kW·h，同比增长 8.3%；省间中长期交易占比为 94%，省间现货交易占比为 6%；新能源省内市场化交易电量为 2735 亿 kW·h，同比增长 124.0%，省内中长期交易占比为 84%、省内现货交易占比为 16%。

山西：截至 2022 年 3 月 31 日，山西电力现货市场连续运行满一周年，是全国第一个新能源连续参与电力市场的省份，也是国家电网有限公司经营区内启动试运行时间最早、结算试运行时间最长、市场主体类型最全的电力双边现货市场。山西新能源发电机组（257 家风电场和 163 座光伏电站）以"报量不报价"的方式（即申报功率预测曲线）参与现货市场；分布式光伏、扶贫光伏、分散式

---

❶　https://www.ndrc.gov.cn/fggz/hjyzy/jnhnx/202302/t20230215_1348801.html。

风电、平价新能源项目暂时不参与市场交易。山西电力现货市场按照"全电量优化、新能源优先"的原则，组织引导火电机组主动让出发电空间，减少弃风、弃光。

山东： 山东是新能源大省，截至 2022 年底，省内发电装机总容量为 1.9 亿 kW，其中，风光发电并网装机为 6572 万 kW，占总装机容量的 34.7%，新能源并网装机总量在全国位居第二位。因灵活调节性电源相对缺乏，新能源装机迅猛增长带来的消纳问题和保障电网安全运行之间的矛盾日益突出。为鼓励新能源参与市场，根据新能源发展的实际情况，山东积极探索新能源参与市场方式。集中式新能源电站可选择两种参与市场模式：一是按自愿原则参与中长期交易，全电量参与现货市场；二是根据国家相关政策，10% 的预计当期电量参与现货市场❶。

（二）广东

广东新能源试点参与电力现货市场交易。2022 年 12 月 1 日，广东电力交易中心印发《广东新能源试点参与电力现货市场交易方案》，提出现阶段，试点选择省内 220kV 及以上电压等级的中调调管的风电、光伏发电企业参与电力现货市场交易，新能源发电主体按照"基数电量＋现货偏差结算"的机制报量报价全电量参与市场，暂不同时参与现货交易和绿电交易。价格机制方面，基数电量按照不含补贴的批复上网电价结算，现货偏差电量参考现货市场节点电价结算。2022 年 12 月，广东启动新能源试点参与现货市场结算试运行，促进可再生能源消纳❷。2022 年，有 3 家新能源发电企业试点参与广东电力现货市场，总上网电量为 6283 万 kW·h，其中，基数电量为 5655 万 kW·h，占比为 90%；现货电量为 628 万 kW·h，占比为 10%。总电费为 2821 万元，均价为 0.449 元/（kW·h），其中，基数电量电费为 2561 万元，均价为 0.453 元/（kW·h）；现货偏差电量电费为 324 万元，均价为 0.515 8 元/（kW·h）。

（三）蒙西

蒙西地区新能源占比较高，截至 2022 年底，蒙西新能源装机容量为 3360 万 kW，约占总装机的 40%；新能源发电量为 697 亿 kW·h，占全社会用电量的 23.2%。

新能源参与中长期市场。中长期交易开展前，新能源企业需申报全年发电能力并分解到月，每月 15 日前可对次月发电能力进行调整，新能源根据项目

---

❶ http：//www.nea.gov.cn/2022 - 12/30/c_1310687315.htm。
❷ 广东电力交易中心，《广东电力市场 2022 年年度报告》，2023 年 2 月。

类型参与竞价、协商、挂牌等交易，交易周期包括年度、月度和月内，新能源保障电量在月度分解时开展挂牌交易，允许保量保价的新能源放弃保障性收购电量，平价新能源项目不参加保障电量分解。新能源企业一般都会把中长期合约签到85%以上，结算时会进行超缺额回收，在85%～115%以外触发回收条件。也有新能源企业中长期合约电量只签到40%，根据预测的盈利情况灵活调整。

新能源参与现货市场。新能源采用"报量报价"方式参与现货市场，申报价格限制为0～1500元/（MW·h），考虑新能源出力的波动性，实时市场出清时间缩短至提前10min，滚动周期缩短至5min。在新能源参与中长期和现货交易方面未设比例限制，但是为鼓励发用两侧签订中长期合约，稳定市场价格，对中长期签约比例超出允许偏差值（低于85%实施缺额回收、高于115%实施超额回收）的新能源在现货市场中的收益予以回收。

结算环节，在市场初期对新能源实施风险防范机制，对新能源超过或低于中长期合约均价一定范围的电费进行回收和补偿，避免新能源企业发生重大价格风险，在市场运行初期允许偏差比例暂定为15%。

1.3.3　新能源参与绿电绿证交易

（一）绿电交易情况

国家电网有限公司经营区全面推进绿电交易。2022年国家电网有限公司共计结算绿电交易电量152亿kW·h。从各省情况看，26个省（区、市）参与了绿电交易，宁夏交易电量最大，达30.17亿kW·h，占成交电量的19.88%；浙江交易电量为24.07亿kW·h，占成交电量15.86%；冀北交易电量为19.35亿kW·h；吉林交易电量为15.24亿kW·h；江苏交易电量为12.10亿kW·h。

广东积极优化可再生能源绿色交易组织方式。广东于2021年4月起开展可再生能源交易。2022年，广东对《广东省可再生能源交易规则》进行了修订，将绿色价值拆解为电能量价值和绿色环境溢价，进一步优化了可再生能源绿色交易组织方式。2022年，广东可再生绿电累计交易电量为15.4亿kW·h，成交均价为0.52元/（kW·h），其中，电能量均价为0.487元/（kW·h），环境溢价均价为0.033元/（kW·h）。

蒙西暂未开展绿电和绿证交易。2022年12月，内蒙古自治区工信厅发布《关于做好2023年内蒙古电力多边交易市场中长期交易有关事宜的通知》（内工信经运字〔2022〕472号），文件明确，支持新能源交易中体现绿色价值，平价新能源项目、自愿放弃补贴的新能源项目可在中长期交易合同中与电力用户约定绿色价值，产生的附加收益归发电企业，并承担市场交易风险，不再进行现货市场风险防范；"保量保价"优先发电电量、享受可再生能源补贴的新能源电量对应绿色价值的附加收益由电网企业单独归集，按照国家要求对冲可再生能源发电补贴。

（二）绿证交易情况

2022 年，北京电力交易中心交易绿证 145.43 万张，交易均价为 28.10 元/张。26 个省（区、市）的 27 家新能源企业、43 家售电公司、35 家电力用户参与了交易，其中，江苏绿证购买量最大，达到 763 842 张，占总量的 52.5％。售电公司购买 677 200 张，占 46.6％；电力用户购买 77.71 万张，占 53.4％。

1.3.4　新能源参与电力市场运行特点分析

新能源参与市场存在量增价低现象。因出力曲线不能单独满足正常用电需求及缺乏调节灵活性，新能源结算价格通常低于中长期合约价格。此外，由于新能源发电边际成本低，大规模参与市场交易会改变供需关系，使得中午光伏大发时段的出清价格很低，甚至零电价、负电价；而在晚高峰用电量大的时候，光伏没有出力。2022 年山东光伏市场化交易结算价格较保障性收购电价降低 10％左右。山西新能源发电量最高的 3 月，平均日前电价和实时电价分别为 265.37 元/（MW·h）和 258.93 元/（MW·h），大幅低于新能源发电量最低的 1 月数据［377.94 元/（MW·h）、547.67 元/（MW·h）］。

"零电价""负电价"时有发生。山东、山西等新能源装机大省在负荷曲线方面出现所谓的"鸭子曲线"（即净负荷曲线在白天午后出现深谷，在傍晚时段急速拉升出现尖峰），并因电力现货市场规则的不同出现"零电价"（山西）和"负电价"（山东）。据统计，山东电力现货市场 2022 年共有 176 天全天最低电价小于 0 元/（kW·h），即出现负电价；其中，共有 135 天出现-0.08 元/（kW·h）的最低负电价；山西电力现货市场 2022 年共有 168 天最低电价为 0 元/（kW·h），即出现零电价[1]。

绿电交易价格普遍高于当地燃煤基准价。国家电网有限公司经营区各省绿电交易价格较当地燃煤基准价平均上涨幅度为 53 元/（MW·h），充分反映了新能源的环境价值。其中，湖南、浙江、上海、江西、湖北、福建、重庆七省份交易电价超过了 490 元/（MW·h），宁夏、福建、重庆、天津、上海、浙江、江西七省份成交价格均高于当地燃煤基准价上浮 20％。

---

[1]　http://mm.chinapower.com.cn/zx/zxbg/20230510/199752.html。

1.4 小　　结

2022 年，我国风光发电新增装机容量持续保持高速增长，年度新增规模连续第三年突破 1 亿 kW。截至 2022 年底，我国风电累计并网装机容量达到 3.65 亿 kW，太阳能发电累计并网装机容量达到 3.93 亿 kW，同比增长 11.2% 和 28.1%。我国风光发电并网装机规模继续领跑世界，截至 2022 年底，我国风电、太阳能发电累计并网装机容量占全球的比重分别为 41% 和 37%。

2022 年，我国风光发电利用率分别为 96.8% 和 98.3%，光伏利用率连续 5 年超过 95%、风电利用率连续 4 年超过 95%，在风光装机快速增长形势下保持了较高的消纳利用水平，为能源转型作出了重要贡献。

新能源参与市场以中长期交易为主，现货交易占比较低，国家电网有限公司经营区省间和省内现货交易占比为 6% 和 16%。绿电交易和绿证尚处于发展初期，绿电电量为新能源参与市场交易电量的 4%。随着新能源参与市场规模的增大，在新能源发电出力大量富余时段，出清电价基本持续维持在较低电价水平；而价格尖峰往往出现在新能源发电出力小的时段。新能源参与市场交易，改变了原有收益预期，机遇与挑战并存。下一步随着新能源渗透率的增高，需要在构建新型电力系统的实践中，通过深化技术措施和健全市场机制，化解新能源足额消纳和常规电源可持续经营之间的矛盾。

2

新能源发展展望

2020 年 9 月，我国提出"双碳"目标，2021 年我国制定了碳达峰、碳中和"1+N"政策体系。2022 年政策文件细分更加专业，指向更加清晰，并展现出一些年度新特点。同时，在新能源大发展形势下，"十四五"新能源消纳也面临一定的难题与挑战。

2.1 新能源发展政策

2.1.1 政策文件

2021—2022 年，我国新能源发展相关政策密集出台。通过梳理，主要可分为 7 大类。

第一类，总体性政策。这类政策主要从国家总体层面上，给出了碳达峰、碳中和目标的实现方式与路径、碳达峰实施方案，以及未来可再生能源开发规模下限及占比、电力系统转型发展方式等。

2021 年 10 月 24 日，中共中央、国务院正式公布《**关于完整准确全面贯彻新发展理念做好碳达峰碳中和工作的意见**》，提出"坚持系统观念，处理好发展和减排、整体和局部、短期和中长期的关系，坚定不移走生态优先、绿色低碳的高质量发展道路，确保如期实现碳达峰、碳中和""到 2030 年，非化石能源消费比重达到 25% 左右，风电、太阳能发电总装机容量达到 12 亿 kW 以上""到 2060年，绿色低碳循环发展的经济体系和清洁低碳安全高效的能源体系全面建立，能源利用效率达到国际先进水平，非化石能源消费比重达到 80% 以上，碳中和目标顺利实现"。

2021 年 10 月 26 日，国务院印发《**2030 年前碳达峰行动方案**》，提出："有力有序有效做好碳达峰工作，明确各地区、各领域、各行业目标任务，加快实现生产生活方式绿色变革，推动经济社会发展建立在资源高效利用和绿色低碳发展的基础之上，确保如期实现 2030 年前碳达峰目标""在保障能源安全的前提下，大力实施可再生能源替代，加快构建清洁低碳安全高效的能源体系，大力发展新能源，加快建设新型电力系统"。

2022 年 2 月 10 日，国家发展改革委、国家能源局印发《**关于完善能源绿色低碳转型体制机制和政策措施的意见**》，提出"推动构建以清洁低碳能源为主体的能源供应体系，以沙漠、戈壁、荒漠地区为重点，加快推进大型风电、光伏发电基地建设""各地区应当统筹考虑本地区能源需求及可开发资源量等，按就近原则优先开发利用本地清洁低碳能源资源，根据需要积极引入区域外的清洁低碳能源，形成优先通过清洁低碳能源满足新增用能需求并逐渐替代存量化石能源的能源生产消费格局。鼓励各地区建设多能互补、就近平衡、以清洁低碳能源为主体的新型能源系统"。

2022 年 5 月 30 日，国务院办公厅转发国家发展改革委、国家能源局《关于促进新时代新能源高质量发展实施方案》的通知，提出"创新新能源开发利用模式""加快构建适应新能源占比逐渐提高的新型电力系统""稳妥推进新能源参与电力市场交易""完善可再生能源电力消纳责任权重制度"等内容。

第二类，发展与规划。这类政策主要从规划层面，给出了未来风光装机发展规模、布局、发展方式等方面内容。

2022 年 3 月 22 日，国家发展改革委、国家能源局发布《"十四五"现代能源体系规划》。提出"展望 2035 年，能源高质量发展取得决定性进展，基本建成现代能源体系。非化石能源消费比重在 2030 年达到 25％的基础上进一步大幅提高，可再生能源发电成为主体电源，新型电力系统建设取得实质性成效，碳排放总量达峰后稳中有降""到 2025 年，灵活调节电源占比达到 24％左右，电力需求侧响应能力达到最大用电负荷的 3％～5％"。

2022 年 6 月 1 日，国家发展改革委、国家能源局等 9 部委联合发布《"十四五"可再生能源发展规划》，提出"2035 年远景目标：可再生能源加速替代化石能源，新型电力系统取得实质性成效，可再生能源产业竞争力进一步巩固提升，基本建成清洁低碳、安全高效的能源体系""2025 年，可再生能源年发电量达到3.3 万亿 kW·h 左右。十四五期间，可再生能源发电量增量在全社会用电量增量中的占比超过 50％，风电和太阳能发电量实现翻倍"。

第三类，风光电建设。这类政策主要规定了风光电项目开发年度目标、建设管理等方面的内容。

2021 年 5 月 11 日，国家能源局发布《关于 2021 年风电、光伏发电开发建设有关事项的通知》，提出"2021 年，全国风电、光伏发电发电量占全社会用电量的比重达到 11％左右""强化可再生能源电力消纳责任权重引导机制""引导各省级能源主管部门依据本区域非水电可再生能源电力消纳责任权重和新能源合理利用率目标，积极推动本省（区、市）风电、光伏发电项目建设和跨省区电力交易，确定本省（区、市）完成非水电可再生能源电力最低消纳责任权重所必需的年度新增风电、光伏发电项目并网规模和新增核准（备案）规模""在确保安全前提下，鼓励有条件的户用光伏项目配备储能。户用光伏发电项目由电网企业保障并网消纳"。

2022 年 11 月 30 日，国家能源局印发《光伏电站开发建设管理办法》，提出"省级能源主管部门负责做好本省（区、市）可再生能源发展规划与国家能源、可再生能源、电力等发展规划和重大布局的衔接，根据本省（区、市）可再生能源发展规划、非水电可再生能源电力消纳责任权重以及电网接入与消纳条件等，制定光伏电站年度开发建设方案""电网企业承担光伏电站并网条件的落实或认定、电网接入、调度能力优化、电量收购等工作，配合各级能源主管部门分析测算电网消纳能力与接入送出条件""涉及跨省跨区外送消纳的光伏电站，相关送受端省（区、市）能源主管部门在制定可再生能源发展规划、年度开发建设方案时应充分做好衔接。""保障性并网项目原则上由省级能源主管部门通过竞争性配置方式确定。市场化并网项目按照国家和各省（区、市）有关规定确定，电网企业应配合省级能源主管部门对市场化并网项目通过自建、合建共享或购买服务等市场化方式落实的并网条件予以认定。"

第四类，并网与消纳。这类政策主要从并网运行层面，给出了未来可再生能源项目并网、促进消费、合同签订等方面的内容。

2021 年 7 月 5 日，国家发展改革委办公厅、国家能源局综合司印发《关于做好新能源配套送出工程投资建设有关事项的通知》，提出"允许新能源配套送出工程由发电企业建设。对电网企业建设有困难或规划建设时序不匹配的新能源配套送出工程，允许发电企业投资建设，缓解新能源快速发展并网消纳压力。发电企业建设配套送出工程应充分进行论证，并完全自愿，可以多家企业联合建设，也可以一家企业建设，多家企业共享""做好配套工程回购工作。发电企业建设的新能源配套工程，经电网企业与发电企业双方协商同意，可在适当时机由电网企业依法依规进行回购"。

2022 年 11 月 16 日，国家发展改革委、国家统计局、国家能源局联合发布《关于进一步做好新增可再生能源消费不纳入能源消费总量控制有关工作的通知》，提出"不纳入能源消费总量的可再生能源，现阶段主要包括风电、太阳能发电、水电、生物质发电、地热能发电等可再生能源。""以各地区 2020 年可再生能源电力消费量为基数，十四五期间每年较上一年新增的可再生能源电力消费量，在全国和地方能源消费总量考核时予以扣除。""以绿证作为可再生能源电力消费量认定的基本凭证"。

2022 年 12 月 21 日，国家发展改革委官网发布《关于做好 2023 年电力中长期合同签订履约工作的通知》，提出"确保市场主体高比例签约，燃煤发电企业 2023 年年度中长期合同签约电量不低于上一年实际发电量的 80%，月度（含月内）及以上合同签约电量不低于上一年实际发电量的 90%""各地要将本地优先发电计划转化为电力中长期合同或差价合约，鼓励高比例签订年度中长期合同或差价合约"。

第五类，电价与补贴。这类政策主要规定可再生能源项目上网电价形成方式、补贴类型及保障利用小时设定等内容。

2020 年 9 月 29 日，财政部、国家发展改革委、国家能源局联合发布《关于〈关于促进非水可再生能源发电健康发展的若干意见〉有关事项的补充通知》，提出"为确保存量项目合理收益，基于核定电价时全生命周期发电小时数等因素，现确定各类项目全生命周期合理利用小时数如下：

（一）风电一类、二类、三类、四类资源区项目全生命周期合理利用小时数分别为 48 000h、44 000h、40 000h 和 36 000h。海上风电全生命周期合理利用小时数为 52 000h。

（二）光伏发电一类、二类、三类资源区项目全生命周期合理利用小时数为 32 000h、26 000h 和 22 000h。国家确定的光伏领跑者基地项目和 2019、2020 年竞价项目全生命周期合理利用小时数在所在资源区小时数基础上增加 10%"。

2021 年 6 月 7 日，国家发展改革委发布《关于 2021 年新能源上网电价政策有关事项的通知》，规定"2021 年起，对新备案集中式光伏电站、工商业分布式光伏项目和新核准陆上风电项目（以下简称新建项目），中央财政不再补贴，实行平价上网""2021 年新建项目上网电价，按当地燃煤发电基准价执行；新建项目可自愿通过参与市场化交易形成上网电价，以更好体现光伏发电、风电的绿色电力价值""2021 年起，新核准（备案）海上风电项目、光热发电项目上网电价由当地省级价格主管部门制定，具备条件的可通过竞争性配置方式形成"。

2022 年 6 月 24 日，财政部印发《关于下达 2022 年可再生能源电价附加补助地方资金预算的通知》，给出 2022 年度可再生能源电价附加补助资金，其中，风电项目为 20.46 亿元，光伏发电项目为 25.80 亿元。并要求"严格按照预算管理要求，尽快将补贴资金拨付至电网企业或公共可再生能源独立电力系统项目企业""电网公司在拨付补贴资金时，应按如下原则执行：

（一）优先足额拨付第一批至第三批国家光伏扶贫目录内项目（扶贫容量部分）至 2022 年底；

（二）优先足额拨付 50kW 及以下装机规模的自然人分布式项目至 2022 年底；

（三）优先足额拨付 2019 年采取竞价方式确定的光伏项目以及 2020 年采取'以收定支'原则确定的符合拨款条件的新增项目至 2021 年底；

（四）对于国家确定的光伏'领跑者'项目，以及国家认可的地方参照中央政策建设的村级光伏扶贫项目，优先保障拨付项目至 2021 年底应付补贴资金的 50%；

（五）其他发电项目，按照各项目并网之日起至 2021 年底应付补贴资金，采取等比例方式拨付"。

2022 年 11 月 14 日，财政部印发《关于提前下达 2023 年可再生能源电价附加补助地方资金预算的通知》，给出了 2023 年度可再生能源电价附加补助资金预算，其中，风电项目合计安排 30.21 亿元，光伏发电项目合计安排 36.29 亿元。

第六类，市场与金融。这类政策主要明确了金融支持方式与原则、市场建设方式与新能源参与市场原则等内容。

2021 年 3 月 21 日，国家发展改革委等 5 部委联合发布《关于引导加大金融支持力度　促进风电和光伏发电等行业健康有序发展的通知》，提出"金融机构按照商业化原则与可再生能源企业协商展期或续贷""金融机构按照市场化、法治化原则自主发放补贴确权贷款""对补贴确权贷款给予合理支持""通过核发绿色电力证书方式适当弥补企业分担的利息成本"等。

2021 年 8 月 28 日，国家发展改革委、国家能源局发布《关于绿色电力交易试点工作方案的复函》，提出"建立全国统一的绿证制度，国家能源局组织国家可再生能源信息管理中心，根据绿色电力交易试点需要，向北京电力交易中心、广州电力交易中心批量核发绿证。电力交易中心依据国家有关政策组织开展市场主体间的绿证交易和划转"。

2022 年 1 月 28 日，国家发展改革委、国家能源局发布《关于加快建设全国统一电力市场体系的指导意见》，提出"到 2025 年，全国统一电力市场体系初步建成，国家市场与省（区、市）/区域市场协同运行，电力中长期、现货、辅助服务市场一体化设计、联合运营，跨省跨区资源市场化配置和绿色电力交易规模显著提高，有利于新能源、储能等发展的市场交易和价格机制初步形成。到 2030

年，全国统一电力市场体系基本建成，适应新型电力系统要求，国家市场与省（区、市）/区域市场联合运行，新能源全面参与市场交易，市场主体平等竞争、自主选择，电力资源在全国范围内得到进一步优化配置""加快建设国家电力市场。稳步推进省（区、市）/区域电力市场建设。引导各层次电力市场协同运行。有序推进跨省跨区市场间开放合作"。

2022 年 2 月 24 日，国家发展改革委办公厅、国家能源局综合司发布《关于加快推进电力现货市场建设工作的通知》，提出"加快推动用户侧全面参与现货市场交易，加快推动各类型具备条件的电源参与现货市场""统筹电力中长期交易与现货交易，统筹电力辅助服务交易与现货交易，做好省间市场与省内市场现货的有效衔接""有序推动新能源参与市场交易，构建主要由市场形成新能源价格的电价机制，推动新能源自愿参与电力交易""鼓励新能源以差价合约形式参与现货市场，按照现货规则进行偏差结算"。

第七类，抽储氢政策。2021 年以来，国家连续发布了《关于进一步完善抽水蓄能价格形成机制的意见》《抽水蓄能中长期发展规划（2021—2035 年）》《关于加快推动新型储能发展的指导意见》《"十四五"新型储能发展实施方案》《氢能产业发展中长期规划（2021—2035 年）》等文件，文件明确提出了未来发展目标：到 2025 年，抽水蓄能投产总规模 6200 万 kW 以上；到 2030 年，投产总规模 1.2 亿 kW 左右。到 2025 年，实现新型储能从商业化初期向规模化发展转变，装机规模达 3000 万 kW 以上，到 2030 年，实现新型储能全面市场化发展。到 2025 年，形成较为完善的氢能产业发展制度政策环境，可再生能源制氢量达到 10 万～20 万 t/年，成为新增氢能消费的重要组成部分；到 2030 年，形成较为完备的氢能产业技术创新体系、清洁能源制氢及供应体系。

2022 年 6 月 7 日，国家发展改革委办公厅、国家能源局综合司印发《关于进一步推动新型储能参与电力市场和调度运用的通知》，提出"新型储能可作为独立储能参与电力市场，鼓励配建新型储能与所属电源联合参与电力市场，加快推动独立储能参与电力市场配合电网调峰，充分发挥独立储能技术优势提供辅助服务，优化储能调度运行机制，进一步支持用户侧储能发展，建立电网侧储能价格机制"等内容。

2020 年以来主要的风光发展相关政策及分类见表 2-1。

表 2-1　　　　　　2020 年以来主要的风光发展相关政策及分类

类型	发布时间	名称	发布机构
总体性政策	2021 年 10 月 24 日	《关于完整准确全面贯彻新发展理念做好碳达峰碳中和工作的意见》	中共中央　国务院

类型	发布时间	名称	发布机构
总体性政策	2021年10月26日	《关于印发〈2030年前碳达峰行动方案〉的通知》（国发〔2021〕23号）	国务院
	2022年2月10日	《关于完善能源绿色低碳转型体制机制和政策措施的意见》（发改能源〔2022〕206号）	国家发展改革委、国家能源局
	2022年5月30日	国务院办公厅转发国家发展改革委、国家能源局《关于促进新时代新能源高质量发展实施方案的通知》（国办函〔2022〕39号）	国务院办公厅
发展与规划	2022年3月22日	《"十四五"现代能源体系规划》	国家发展改革委、国家能源局
	2022年6月1日	《关于印发"十四五"可再生能源发展规划的通知》（发改能源〔2021〕1445号）	国家发展改革委、国家能源局、财政部、自然资源部、生态环境部、住房和城乡建设部、农业农村部、中国气象局、国家林业和草原局
风光电建设	2021年3月5日	《关于推进电力源网荷储一体化和多能互补发展的指导意见》（发改能源规〔2021〕280号）	国家发展改革委、国家能源局
	2021年5月11日	《关于2021年风电、光伏发电开发建设有关事项的通知》（国能发新能〔2021〕25号）	国家能源局
	2022年11月30日	《关于印发〈光伏电站开发建设管理办法〉的通知》（国能发新能规〔2022〕104号）	国家能源局
	2023年3月20日	《关于支持光伏发电产业发展规范用地管理有关工作的通知》（自然资办发〔2023〕12号）	自然资源部办公厅、国家林业和草原局办公室、国家能源局综合司
并网与消纳	2020年5月19日	《关于建立健全清洁能源消纳长效机制的指导意见（征求意见稿）》	国家能源局综合司
	2021年7月5日	《关于做好新能源配套送出工程投资建设有关事项的通知》（发改办运行〔2021〕445号）	国家发展改革委办公厅、国家能源局综合司
	2022年11月16日	《关于进一步做好新增可再生能源消费不纳入能源消费总量控制有关工作的通知》（发改运行〔2022〕1258号）	国家发展改革委、国家统计局、国家能源局
	2022年12月21日	《关于做好2023年电力中长期合同签订履约工作的通知》（发改运行〔2022〕1861号）	国家发展改革委、国家能源局
电价与补贴	2020年1月20日	《关于印发〈可再生能源电价附加资金管理办法〉的通知》（财建〔2020〕5号）	财政部、国家发展改革委、国家能源局
	2020年9月29日	《关于〈关于促进非水可再生能源发电健康发展的若干意见〉有关事项的补充通知》（财建〔2020〕426号）	财政部、国家发展改革委、国家能源局

类型	发布时间	名称	发布机构
电价与补贴	2021 年 6 月 7 日	《关于 2021 年新能源上网电价政策有关事项的通知》（发改价格〔2021〕833 号）	国家发展改革委
	2022 年 6 月 24 日	《关于下达 2022 年可再生能源电价附加补助地方资金预算的通知》（财建〔2022〕170 号）	财政部
	2022 年 11 月 14 日	《关于提前下达 2023 年可再生能源电价附加补助地方资金预算的通知》（财建〔2022〕384 号）	财政部
市场与金融	2021 年 3 月 21 日	《关于引导加大金融支持力度　促进风电和光伏发电等行业健康有序发展的通知》（发改运行〔2021〕266 号）	国家发展改革委、财政部、中国人民银行、银保监会、国家能源局
	2021 年 8 月 28 日	《关于绿色电力交易试点工作方案的复函》（发改体改〔2021〕1260 号）	国家发展改革委、国家能源局
	2022 年 1 月 28 日	《关于加快建设全国统一电力市场体系的指导意见》（发改体改〔2022〕118 号）	国家发展改革委、国家能源局
	2022 年 2 月 24 日	《关于加快推进电力现货市场建设工作的通知》（发改办体改〔2022〕129 号）	国家发展改革委办公厅、国家能源局综合司
抽储氢政策	2021 年 5 月 7 日	《关于进一步完善抽水蓄能价格形成机制的意见》（发改价格〔2021〕633 号）	国家发展改革委
	2021 年 9 月 17 日	《抽水蓄能中长期发展规划（2021—2035 年）》	国家能源局
	2021 年 7 月 23 日	《关于加快推动新型储能发展的指导意见》	国家发展改革委、国家能源局
	2022 年 3 月 21 日	《"十四五"新型储能发展实施方案》	国家发展改革委、国家能源局
	2022 年 6 月 7 日	《关于进一步推动新型储能参与电力市场和调度运用的通知》	国家发展改革委办公厅、国家能源局综合司
	2022 年 3 月 23 日	《氢能产业发展中长期规划（2021—2035 年）》	国家发展改革委、国家能源局

2.1.2 "双碳"目标下新能源政策特点分析

在积极推进能源低碳转型、落实"双碳"目标的大背景下，加快发展以风电和光伏发电为代表的新能源已成为各方共识。随着风光发电装机规模继续保持高速发展与全面进入平价时代，全国统一电力市场及现货市场建设、绿证与绿电交易加快推广，新能源政策呈现以下特点。

（一）大力推进以沙戈荒地区为重点的大型风电光伏基地开发

在《关于完善能源绿色低碳转型体制机制和政策措施的意见》《关于促进新时代新能源高质量发展实施方案的通知》《"十四五"可再生能源发展规划》《"十四五"现代能源体现规划》等多个文件中，都提到"以沙漠、戈壁、荒漠地区为重点，加快推进大型风电、光伏发电基地建设""优化推进西部和北部地区陆上风电和光伏发电基地化开发""在'三北'地区优化推动风电和光伏发电基地化规模化开发"。

（二）鼓励加快开发海上风电

根据《"十四五"可再生能源发展规划》，"十四五"期间，将加快推动海上风电集群化开发，重点建设山东半岛、长三角、闽南、粤东和北部湾五大海上风电基地。根据《"十四五"现代能源体系规划》，要积极推进东南部沿海地区海上风电集群化开发，重点建设广东、福建、浙江、江苏、山东等海上风电基地。2022年，我国海上风电新增装机505万kW，年底累计并网装机达到3046万kW，约占全部风电装机的8.3%。

（三）注重新能源一体化开发利用模式创新

根据《关于推进电力源网荷储一体化和多能互补发展的指导意见》，**在负荷侧**，"推动建立市场化交易用户参与承担辅助服务的市场交易机制，培育用户负荷管理能力，提高用户侧调峰积极性""运用'互联网＋'新模式，调动负荷侧调节响应能力"；**在电源侧**，按照存增量不同要求，推进新能源优先的多能互补一体化模式，积极实施存量"风光水火储一体化"提升，稳妥推进增量"风光水（储）一体化"，探索增量"风光储一体化"，严控增量"风光火（储）一体化"。特别是对于风光火（储）一体化模式，文件规定外送输电通道可再生能源电量比例原则上不低于50%，优先规划建设比例更高的通道。

（四）要求新能源配置储能成为新趋势

根据《关于加快推动新型储能发展的指导意见》，大力推进电源侧储能项目建设，布局一批配置储能的系统友好型新能源电站项目；探索**分布式新能源**与储能融合发展新场景。根据《"十四五"新型储能发展实施方案》，加大力度发展电源侧新型储能。在新能源资源富集地区，如内蒙古、新疆、甘肃、青海等，以及其他新能源高渗透率地区，重点布局一批配置合理新型储能的系统友好型新能源电站。

截至目前，全国大多数省区发布了新能源配储政策，配置要求多为风光装机容量的10%～20%，配置时长多为2～3h，其中既有西部和北部地区的新能源大省关于集中式风光电站配置储能的要求，也有中东部分布式可再生能源配置储能的要求。

（五）推动新能源平价上网和融入市场竞争机制

根据《关于2021年新能源上网电价政策有关事项的通知》，2021年起，集中式光伏电站、工商业分布式光伏项目和新核准陆上风电项目，实行平价上网，上网电价按当地燃煤发电基准价执行；新建项目可自愿通过参与市场化交易形成上网电价。根据《关于加快建设全国统一电力市场体系的指导意见》，到2025年，有利于新能源、储能等发展的市场交易和价格机制初步形成；到2030年，全国统一电力市场体系基本建成，新能源全面参与市场交易。

（六）行业管理方式不断优化调整

在2021年及之前，国家能源局每年发布通知，提前给出年度新增风电和光伏发电项目的保障性并网规模，以确保实现非化石能源消费占比目标和风光发电量占比目标。随着风光发电项目全面取消补贴，市场化逐渐成为发展方向，国家不再实行规模管理，而是建立规划引领和权重引导机制，各省（区、市）据此安排项目建设规模与储备，制定年度开发建设方案，且由市场机制决定项目的投资主体、建设规模。在《关于2022年可再生能源电力消纳责任权重及有关事项的通知》中明确提出"2022年可再生能源电力消纳责任权重为约束性指标，各省（自治区、直辖市）按此进行考核评估；2023年权重为预期性指标，各省（自治区、直辖市）按此开展项目储备""各省（自治区、直辖市）按照非水电最低消纳责任权重合理安排本省保障性并网规模"。如在江西省发展改革委和江西省能源局联合印发的《江西省光伏发电、风电项目开发工作指南（2022年）》，"风电项目由省能源局发布规划和年度建设规模，由属地进行核准"。

（七）推动风电项目由核准制调整为备案制

国家发展改革委、国家能源局于2022年5月14日发布《关于促进新时代新能源高质量发展实施方案的通知》，明确提出：深化新能源领域"放管服"改革，完善新能源项目投资核准（备案）制度，**推动风电项目由核准制调整为备案制**。此通知是国家层面政策文件首次正式提出风电项目调整方案。2022年6月，四川省发展改革委、四川省能源局在《关于进一步规范风电建设管理有关事项的通知》中提出："推动风电项目由核准制调整为备案制，具体实施时间和有关安排另行通知"。2022年8月，张家口市行政审批局发布《关于风电项目由核准制调整为备案制的公告》，提出"自2022年9月1日起，将风电项目由核准制调整为备案制"。2022年11月，云南省发展改革委发布《关于规范风电项目核准管理有关事项的通知（征求意见稿）》提出"推动风电项目由核准制调整为备案证，具体实施时间和有关安排另行通知"。

2.2 新能源消纳形势研判

2.2.1 新能源消纳分析方法和模型工具

传统以调峰平衡为基础的消纳分析方法，因在描述小时间尺度弃能情况上的不足，已经不能适应当前电力系统模拟分析和形势判断要求，需要把分析时间尺度由典型日缩短到小时级及以下。

本报告采用国网能源研究院有限公司自主研发的时序生产模拟工具（NEOS）进行 2023—2025 年新能源消纳测算。NEOS 可以支撑实现 8760 新能源消纳分析，分析不同情景下系统弃风、弃光情况，量化分析不同措施对提高新能源消纳能力的贡献度。NEOS 的较详细介绍见附录 A。

2.2.2 新能源消纳能力测算结果

随着"双碳"目标的落地实施，新能源发展进一步提速。结合国家"十四五"可再生能源规划、各省（区）规划和实际批复的项目规模，未来新能源发展规模考虑基准、敏感两种情景。基准情景与国家"十四五"可再生能源规划相对应，2025 年全国新能源装机规模将达到 10.5 亿 kW（国家电网有限公司经营区 9 亿 kW）。敏感情景主要考虑各省发展实际与项目规模相对应，2025 年全国新能源装机规模将达到 14 亿 kW（国家电网有限公司经营区 12 亿 kW）。**在各地新能源建设积极性高涨的驱动下，敏感情景新能源装机规模远超国家规划目标，可能带来部分省区新能源消纳水平的明显下降。**

关于新能源消纳测算边界条件，负荷需求、常规电源、跨省跨区电力流等边界条件均与国家"十四五"电力发展规划保持一致。到 2025 年，国家电网有限公司经营区全社会用电量为 7.8 万亿 kW·h；煤电装机规模为 10.5 亿 kW；"三交九直"通道均建成投运，特高压直流平均利用小时数为 4500h。调节能力考虑已建和已有文件明确的项目规模，预计到 2025 年，国家电网有限公司经营区新增调节能力约为 2 亿 kW。

"十四五"期间，两种情景下新能源消纳能力分析测算主要结果分别为：

基准情景下，国家电网有限公司经营区年均新增新能源装机 9000 万 kW，布局主要在华北地区和西北地区。预计 2023—2025 年国家电网有限公司经营区新能源整体利用率可保持在 95% 左右，但"三北"部分省区利用率在 90%～95% 之间。到 2025 年，国家电网有限公司经营区新能源发电量为 1.43 万亿 kW·h，是 2020 年的 2.4 倍，占总用电量的 18.7％，较 2020 年提高 8.5 个百分点，可以实现国家"十四五"可再生能源规划提出的风电和太阳能发电量翻倍，非水消纳责任权重达到 18％左右的规划目标。基准情景下国家电网有限公司各区域新能源装机规模如图 2-1 所示。

敏感情景下，国家电网有限公司经营区 2023—2025 年逐年新增新能源装机 1.9 亿、1.6 亿、1.7 亿 kW。与基准情景相比，华北地区、西北地区敏感情景新增规模最多。预计 2023—2025 年国家电网有限公司经营区新能源利用率将逐年下滑，到 2025 年降至 90％左右。分省区看，部分省区规划建设规模较大、"光大风小"特点突出，配套调节能力不足、消纳空间扩增有限，利用率将大幅下滑。京津唐、冀南、山东、吉林、甘肃、青海等省区利用率将低至 85％以下，山西、湖北、陕西、宁夏、新疆等省区利用率将降至 90％左右。

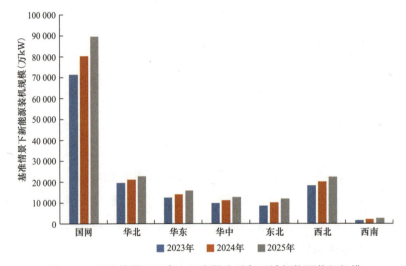

图 2-1　基准情景下国家电网有限公司各区域新能源装机规模

敏感情景下国家电网有限公司各区域新能源装机规模如图 2-2 所示。

若要保持整体新能源利用率在 95％以上，在"十四五"规划明确的调节能力基础上，还需要进一步扩大火电灵活性改造和电化学储能规模，部分省区考虑应用需求侧响应措施，持续提升系统调节能力。一是再增加火电灵活性改造规模 2.2 亿 kW 左右，额外投资 2200 亿元以上，主要在京津唐、江苏、河南、江西、新疆、陕西等地；二是再增加电化学储能 1 亿 kW 左右、平均时长 3h，额外投资 6000 亿元以上，主要集中在山东、冀南、甘肃、新疆等地；三是考虑采用需求侧响应措施，平均响应比例在 3.6％左右，需补偿费用在 2000 亿元以上，主要集中在"三北"地区。

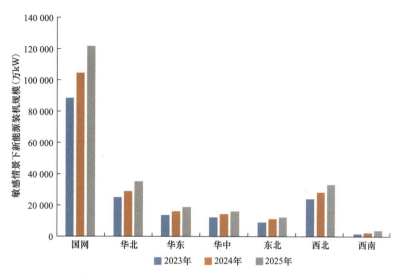

图 2-2 敏感情景下国家电网有限公司各区域新能源装机规模

2.2.3 新能源消纳面临的难题和挑战

一是当前新能源发展节奏远超规划，局部地区出现过热苗头。各级可再生能源规划衔接不够紧密，地方建设诉求强烈，开发利用中长期总量目标未严格依照国家总量目标确定。根据截至 2023 年 4 月的摸底调研，考虑已建在建项目，加上地方规划和实际批复的项目规模，仅国家电网有限公司经营区 2025 年新能源发电装机容量将达到 13.7 亿 kW，这将远超国家《"十四五"可再生能源发展规划》提出的全国风电和太阳能发电量翻倍的目标（截至 2020 年底，我国风电、太阳能发电装机容量合计 5.3 亿 kW，按此规划，全国 2025 年发电装机容量达到 10.6 亿 kW）。新能源发电项目开发出现过热现象，可能影响新能源的高效消纳，不利于形成新能源科学有序发展的良好环境。

二是煤电机组灵活性改造面临动力不足、标准缺失等问题，系统调节能力提升难以满足新能源调节需求增长。首先，受资金紧张、收益较少等因素制约，煤电企业改造动力不足。实施煤电机组改造升级初始投资较高，运维成本也将增加，煤电企业因经营困难，筹集改造资金的难度较大。部分地方政府虽然出台了不同程度的激励、补贴政策，但改造升级补偿收益机制还不完善，成本回收预期不足。其次，改造升级标准化管理规范仍然缺位，改造后机组涉网性能存在劣化等风险。目前，煤电机组改造升级缺少统一规范的改造技术标准、并网验收标准和监督考核标准，主要根据发电企业自身标准进行，受企业技术水平、机组运行状态等多方面影响，改造后机组涉网性能变化难以得到充分验证，甚至存在劣化风险，进而影响大电网安全。最后，改造升级工期普遍较长，应确保限期完成。

三是高比例新能源接入给电力系统带来新的安全稳定挑战。随着新能源的快速发展，大量替代常规机组，导致系统抗扰动能力降低，电网调节能力不足，给电网安全运行带来挑战。同时也需要重点关注的是，随着电力电子设备大量接入电网，电力系统电力电子化特征日益显著，易大规模脱网引发连锁故障，带来新的中频带等系统稳定新问题，深刻改变电网运行机理。大规模新能源在故障电压穿越期间的有功、无功响应和弱转动惯量等特性已成为影响电压、功角，甚至频率稳定水平的重要因素，特别是分布式电源在频率、电压波动期间容易连锁脱网，扩大故障影响范围。

四是近期新能源场站成本下降难以弥补电力系统总体成本上升，新能源平价利用面临挑战。新能源发电容量价值和发电利用小时数低于传统电源，为了平抑新能源不稳定出力，需要电力系统配置储能等灵活调节资源，造成电力系统整体成本上升。按新能源场站本体成本评估，新能源虽已基本实现平价上网，但新能源平价上网不等于平价利用，随着新能源发电渗透率的不断提升，带来的系统性成本将大幅度升高。相关国际实践表明，新能源电量渗透率超过 10％～15％后，将引发电源、电网系统成本快速上升，加大系统电力供应成本压力。

2.2.4 新能源消纳措施建议

"十四五"是新能源发展的关键时期，促进新能源高质量发展，需要政府、社会、企业、用户多方协同，源网荷储各环节协同发力。主要措施如下：

（一）引导新能源科学有序发展方面

一是进一步统筹制定和修订能源电力规划方案。以"碳达峰、碳中和"目标为约束，围绕高比例清洁能源发展和消纳，统筹制定电源和电网、清洁能源和常规能源、清洁能源和储能等相关规划。"十四五"继续坚持年度建设规模管理，坚持新增项目建设以电力系统消纳能力为前提，合理确定各省区清洁能源发展规模、布局和时序，引导新增装机优先布局在中东部省区。

二是构建服务清洁能源发展的公共服务平台。加快推进"新能源云"向国家级能源云平台迭代升级，汇聚能源全产业链信息，促进源网荷储协调发展。以电力系统碳排放为抓手，在清洁能源数据基础上，全面接入煤、油、气等能源数据，建成支撑服务"碳中和"的新型能源数字经济平台，服务国家智慧能源体系构建，助力能源低碳转型。

（二）提升电力系统调节能力方面

一是进一步明确新能源对电网支撑的功能定位。按照主力电源的定位，引导新能源发电从单纯的电量供给，向保障电力安全稳定、可靠供应发展转型。严格执行 GB 38755—2019《电力系统安全稳定导则》，加快新能源相关技术标准的制修订工作，推动新能源并网技术转型升级。

二是加快系统调节能力建设。考虑技术经济性差异，大力推动火电灵活性改造、抽水蓄能、新型储能和需求侧响应实施，积极拓展调节资源来源。考虑短时新型储能促消纳"饱和效应"约束，统筹优化各类型调节资源配置，科学合理布局，持续扩大系统新能源接纳空间。

三是完善相关政策和市场机制。提升煤电灵活性改造收益预期和积极性。财政、金融、市场等方面协同发力，设立专项资金，提高煤电改造升级的支持力度。完善辅助服务补偿机制，充分考虑改造机组运维成本、煤耗、安全风险等因素，科学制定补偿方案。扩大纳入辅助服务的可调节资源类型，电化学储能等更多灵活性资源参与系统调节。构建现货市场、辅助服务市场、容量市场有机衔接的市场体系，促进调峰、容量、备用、爬坡等费用合理分摊和疏导。

（三）市场机制建设方面

一是加强清洁能源消纳政策与市场的协调。完善可再生能源发电消纳保障机制，建立保障性收购政策与市场交易有序衔接的机制，落实新能源参与电力现货市场竞争。通过市场机制设计激励新能源发电企业提高出力预测水平、合理开展市场申报，促进高效利用，推动各类发电主体在更大程度上通过市场机制实现共赢。

二是完善可再生能源消纳保障机制。聚焦于打破省间壁垒，促进新能源消纳的目标，逐步统一全国各省区消纳责任权重指标，压实东中部受端地区消纳责任。简化消纳责任权重完成方式，统一绿证和消纳量，明晰市场规则，为下一步大规模推广实施创造有利条件。

三是建立促进清洁能源大范围消纳市场机制。以促进能源资源大范围、高效配置为目标构建全国统一电力市场，优先建立电能量市场，逐步健全完善辅助服务、容量、输电权等交易，形成主要由市场决定价格的机制，实现市场主体自由选择、充分参与、公平高效竞争，促进电力资源的自由流通和优化配置。完善需求侧响应政策，探索用电峰谷电价动态调整机制。

2.3 小　　结

"双碳"目标下新能源政策密集出台，对未来新能源发展目标和思路、沙戈荒大型风电光伏基地与海上风电、新能源平价上网与参与市场、源网荷储一体化发展模式创新、新能源配置储能、抽水蓄能及氢能发展等都给出了明确指导性意见和要求。

就新能源消纳利用形势来看，根据基准情景和敏感情景，2025 年全国新能源装机规模将达到 10.5 亿～14 亿 kW。新能源消纳面临挑战主要有：当前新能源发展节奏远超规划，局部地区发展过热；系统调节能力提升难以满足新能源调节需求增长；高比例新能源接入给电力系统带来新的安全稳定挑战；新能源场站成本下降难以弥补电力系统总体成本上升。

3

国外新能源发展政策及举措

　　2018 年 IPCC 发布《1.5℃特别报告》，将 21 世纪末的温升控制目标提升到 1.5℃。2019 年以来，欧美各国纷纷提出自己的 2050 年碳中和目标，并不断细化实施路径。2021 年 11 月 1 日，美国正式发布《迈向 2050 年净零排放的长期战略》，公布了美国实现 2050 碳中和终极目标的时间节点与技术路径❶。2019 年 12 月，欧盟委员会发布了《欧洲绿色协议》，提出了欧洲迈向碳中和的 7 大转型路径；2020 年 3 月，欧盟委员会通过了《欧洲气候法》提案，旨在从法律层面确保欧洲到 2050 年实现碳中和；2021 年 7 月，欧盟委员会发布了"减碳 55"（Fit for 55）一揽子计划，并通过了 9 条提案❷。英国作为全球最早以法律形式确立减排目标和碳中和战略的国家❸，印度作为人口最多的发展中国家，两国在促进可再生能源发展方面所处的阶段不同、各具特色。

　　《2020 中国新能源发电并网分析报告》中介绍了美国、德国、日本的可再生能源发展现状、政策与举措，本报告将重点介绍英国和印度的可再生能源发展现状、政策及消纳举措。

3.1 英　　　国

　　英国是世界上最早开始"碳中和"实践的国家。早在 1972 年就已经实现本土碳达峰。2008 年，英国正式颁布《气候变化法》，成为世界上首个以法律形式明确中长期减排目标的国家。2019 年 6 月，英国修订《气候变化法》，正式确立到 2050 年实现温室气体"净零排放"的目标。根据净零碳排放目标，英国政府

---

❶　https：//www.ideacarbon.org/news _ free/56384/？pc＝pc。

❷　https：//cn.chinagate.cn/news/2022-01/17/content _ 77982940.htm。

❸　英国碳中和战略政策体系研究及启示。

计划 2030 年海上风力发电规模扩大 4 倍，2022 年又将这一目标提升到 5 倍。

3.1.1 发展现状

（一）英国可再生能源装机占比稳步增长

截至 2022 年底，英国风光发电装机容量为 4342 万 kW❶，约占可再生能源发电总装机容量的 81.2%❷。英国可再生能源装机以陆上风电、光伏发电、海上风电、生物质与垃圾发电为主，其中陆上风电装机规模最大，海上风电装机增长最快。2015 年以来英国可再生能源电源装机及占比增长变化情况如图 3-1 所示。

图 3-1 2015 年以来英国可再生能源装机及占比变化情况

（二）英国发电量以可再生能源与燃气为主

2022 年，英国可再生能源发电量约为 1348 亿 kW·h，占比为 41.4%❸，其中风光发电量约为 941 亿 kW·h，占比为 28.9%，比我国高 1.1 倍。2022 年，风电成为仅次于燃气发电的第二大类型，12 月 30 日风电出力达到创纪录的 2092 万 kW。英国燃气发电量占比约为 38.5%。燃煤发电量占比仅为 1.5%，而 2012 年为 43%。过去十年间，随着低碳电力发电量增长及煤电机组不断退役，燃煤发电量占比急剧下降。2017 年 4 月英国迎来工业革命以来第一个 24h 无燃煤发电日。2021 年 7 月，英国宣布 2024 年 10 月 1 日起不再使用煤电。

英国可再生能源发电量及占比变化情况、2022 年英国发电量结构如图 3-2 和图 3-3 所示。

---

❶ 含英格兰、北爱尔兰、苏格兰、威尔士。

❷ https://www.gov.uk/government/statistics/electricity-section-5-energy-trends，2022 年总装机数据为估计值。

❸ 用电量中零碳能源占比为 48.5%。https://www.nationalgrid.com/stories/energy-explained/how-much-uks-energy-renewable。

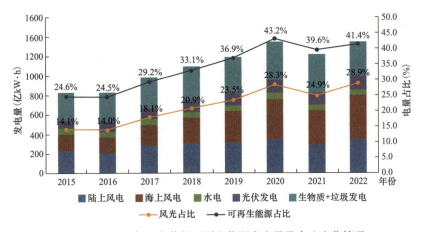

图 3-2　2015 年以来英国可再生能源发电量及占比变化情况

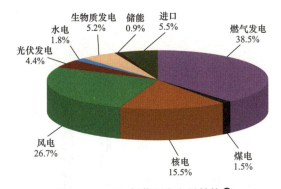

图 3-3　2022 年英国发电量结构❶

（三）风电弃电量随装机增长而增长

2022 年，英国弃风电量为 36.5 亿 kW·h，弃电率约为 4.6%，弃电主要发生在 2 月（6.7 亿 kW·h）、10 月（5.4 亿 kW·h）、1 月（5.0 亿 kW·h）、11 月（4.6 亿 kW·h）。2012 年以来，弃电量随着并网装机容量的增长而增长，且在 2019 年后增大到 30 亿～40 亿 kW·h 之间。2021 年以来各月风电发电量与弃电损失情况见图 3-4，英国 2012 年以来风电装机增长与弃电率变化情况见图 3-5。

弃电原因：英国风电装机主要分布在苏格兰、北海等北部地区，而负荷中心主要集中在东南部地区，英国风电呈北电南送特点。由于电网建设成本高昂带来的输送瓶颈问题，当风力发电超过传输能力时，电网公司会付费用以关闭风力发电场，并付费启动负荷中心附近的替代发电机（通常是燃气发电）。消费者最终实际上为他们获得的电力支付了三份的费用：最初支付给风电场的电费、支付关闭风电场的费用、支付给替代发电机的费用。

---

❶　National Grid Electricity System Operator。

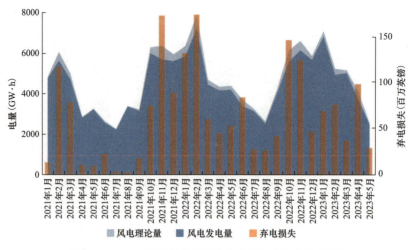

图 3-4 2021 年以来各月风电发电量与弃电损失情况

图 3-5 英国 2012 年以来风电装机增长与弃电率变化情况

3.1.2 可再生能源政策

为促进可再生能源发展，英国政府结合自身资源条件，设定了未来发展目标，并不断完善新能源支持政策，从可再生能源义务到差价合约、容量市场等。

（一）发展目标

1. 可再生能源路线图

2011 年 7 月 12 日，英国发布《可再生能源路线图：2011》❶，提出 2020 年

---

❶ https：//www.gov.uk/government/publications/renewable-energy-roadmap。

英国可再生能源占能源消费总量15%的目标。

2. 能源白皮书

2020年12月，英国政府发布能源白皮书《推动零碳未来》，以绿色工业革命十点计划为基础，介绍了如何在2050年实现能源系统脱碳及实现碳中和，为2050年实现净零排放设定路线图。能源白皮书提到：到2030年，海上风电容量达到4000万kW，大幅提升电气化水平；在2030年代实现高度脱碳的电力系统；到2050年，实现100%零碳、可靠和低成本的电力系统。在能源白皮书中，将淘汰煤电的最后日期从2025年提前到了2024年。

3. 2035年实现100%零碳电力

2021年10月，英国政府承诺将于2035年实现100%零碳电力，比能源白皮书中的2050年实现零碳电力系统的日期提前了15年。

4. 英国能源安全战略

2022年4月，英国发布《英国能源安全战略－长期确保安全、清洁和可负担的英国能源》，提出进一步加快**海上风电**发展，到2030年实现一半以上的可再生能源发电能力来自风力发电，海上风电并网5000万kW，其中500万kW为新漂浮式；改善电网基础设施，支持**陆上风电**发展，将陆上风电纳入最新一轮及未来几轮的差价合约拍卖；到2035年，实现**光伏**并网容量增长5倍，鼓励大型光伏项目在先前开发的或价值较低的土地上选址，支持与其他功能（例如农业、陆上风力发电或储能）位于同一地点的太阳能，以最大限度地提高土地利用效率，并将光伏纳入最新一轮及未来几轮的差价合约拍卖❷。

（二）支持措施

政策支持措施主要为已发布及正在执行的政策措施。

1. 可再生能源义务

为促进可再生能源发展，根据英国《2000年公用事业法》（UK's Utilities Act 2000），英国于2002年开始实施可再生能源义务制度（Renewables Obligation，RO），2005年在北爱尔兰生效，希望通过市场竞争使再生能源维持低价，以及不会偏向任何一种技术等。RO是一种基于市场机制的**配额政策**，**主要针对大型可再生能源项目**。RO要求电力供应商每年购买一定量的可再生能源，如2002－2003年要求3%，2010－2011年为10.4%，之后逐渐达到15.4%❸。由英

---

❶ https://www.gov.uk/government/news/plans-unveiled-to-decarbonise-uk-power-system-by-2035。

❷ 2023年4月24日最新一轮差价合约（CfD）竞价中，海上风电项目与陆上风电、光伏直接竞争。

❸ https://transdis.ntu.edu.tw/iibrt/press/index.php/2017/11/30/008/。

国电力与天然气办公室（Office of Gas and Electricity Markets）对这些可再生能源进行认证及监测，并颁给可再生能源义务认证（Renewable Obligation Certificates，也称"绿证"）。ROCs 可以通过市场买卖交易，但不能借贷。随着成本下降及电力市场的发展成熟，英国于 2017 年 4 月 1 日停止了可再生能源义务制度，作为其配套措施的"绿证"制度也相应取消，采取了以招标确定价格、依据市场价格灵活调整电价补贴的差价合约（Contract for Difference，CfD）政策。

2. 标杆上网电价

为了促进小规模可再生能源和低碳发电技术，英国在 2010 年 4 月引入了上网电价（Feed-in tariffs，FiTs）政策，要求电力供应商对符合要求的可再生能源电量按上网电价收购。上网电价补贴政策适用于装机容量不超过 5MW 的水电、风电、太阳能光伏发电和生物质能发电，以及装机容量不超过 2kW 的微型热电联产项目。

3. 能源法案

2013 年 12 月 18 日，英国能源法案（Energy Act 2013）获得通过❶。主要针对电力市场改革，提出了包含新能源电力收购制度、容量市场、新电厂碳排放标准及碳交易价格下限等措施，促进低碳电力成为英国未来的能源供应主力。

4. 差价合约（CfD）

从 2014 年 10 月开始实施❷。差价合约设计的初衷是为了给低碳电力（包括核电、可再生能源以及碳捕集与储存）最有效的长期支持、给予投资者在收益方面更大的确定性，从而降低项目融资成本以及政策成本。

在差价合约政策下，合同通过低价竞标拍卖授予，可再生能源发电企业与政府成立的低碳合同公司（LCCC）签订购电协议（15 年），确定执行电价。合同期内，运营商拥有稳定的执行电价。发电企业可以通过竞价参与电力市场，在市场上出售电力。当电力市场价格高于执行电价时，发电企业需要返还电力售价与执行电价之间的价差，避免发电企业获得过高收益；当市场参考电价低于执行电价时，政府向发电商补贴市场电价与执行电价的差价。差价合约补偿机制如图 3-6 所示。

CfD 调整机制：CfD 的执行电价可以每年进行调整，而调整依据的要素有三点：

（1）CPI 指数（CPI Indexation），参考 CPI 指数每年 4 月 1 日调整一次 CfD。

---

❶ https：//www.gov.uk/government/collections/energy-act。

❷ https：//www.gov.uk/government/publications/contracts-for-difference/contract-for-difference；
https：//www.sohu.com/a/210213809_115863。

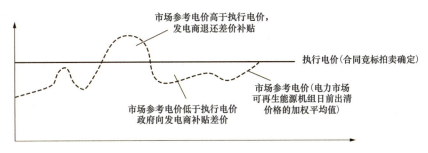

图 3-6　差价合约补偿机制[1]

（2）系统平衡支出（Balancing System Charges），实际系统平衡支出和 CfD 合同预设的支出存在差异，根据实际系统平衡支出调整执行电价。

（3）输电损耗（Transmission Losses），每年根据 LCCC 计算的传输损耗乘数（Transmission Loss Multiplier，TLM）调整执行电价。

5. 绿色工业革命十点计划

2020 年 11 月，英国政府公布《绿色工业革命十点计划》（The Ten Point Plan for a Green Industrial Revolution）。该计划聚焦英国在绿色产业拥有优势并将重点发展的十个领域：①推进海上风电；②推动低碳氢的发展；③提供新的和先进的核电；④加速向零排放车辆转变；⑤绿色公共交通、自行车和步行；⑥"零号喷气式飞机"和绿色船只；⑦更环保的建筑；⑧投资于碳捕获、使用和储存；⑨保护我们的自然环境；⑩绿色金融与创新。主要举措包括：在 2030 年前停止销售汽油和柴油新车（比原计划提早 10 年），以及采取新措施推动英国成为世界碳捕获领域的领导者。该计划将动用 120 亿英镑的政府投资，并拟在 2030 年前促进 3 倍以上预计 400 亿英镑的私营部门投资，创造多达 25 万个绿色就业机会[2]。

3.1.3　促进新能源消纳的举措

2022 年英国风光发电量占总电量的比重是我国的 1.1 倍，其高效消纳利用主要得益于大规模的跨国联网、高比例的燃气发电，以及完善的电力市场建设。

（一）跨国联网

英国高度重视与周边邻国电力联网以促进可再生能源消纳与实现 2050 年净

---

❶ 国信证券，大国碳中和之绿电交易 - 国内外绿电交易对比，剖析绿电价值，探求运营商收益率演变，2022.8.2。

❷ https://www.sohu.com/a/495159290_120141145。

零排放目标。英国第一条跨国联网线路：英国－法国海底电缆联网工程（200 万 kW）于 1986 年投运。2022 年 4 月，英国国家电网公司发布《A Connected Future》报告❶，在过去十年间，英国投资了 25 亿英镑加强与周边国家联网。到 2024 年，英国将有六条跨海电缆联网工程，容量为 780 万 kW，分别与法国、荷兰、比利时、丹麦、挪威等五国联网。以英国－挪威联网为例（140 万 kW），当英国风电大发而负荷需求较低时，可通过北海联络线以 140 万 kW 容量向挪威送电，以水电的形式存储在挪威水库中；当英国风电出力较低而负荷需求较高时，可通过北海联络线，由挪威向英国以 140 万 kW 容量输送清洁电力。

英国与周边五国间的海底电缆联网工程如图 3-7 所示。

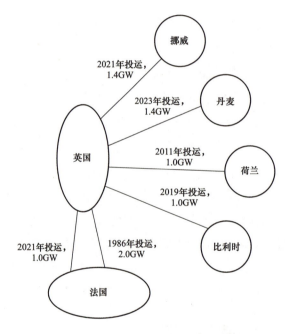

图 3-7 英国与欧洲各国电力联网情况

（二）燃气发电

2000 年以来，英国传统化石能源发电装机容量持续下降，从 7040 万 kW 下降到 2021 年的 4400 万 kW［包含联合循环燃气轮机（GGCT）电站 3180 万 kW，燃煤电站及非 CCGT 燃气电站］，占比从 75.5％下降到 42.3％（CCGT 占比 30.3％），但其退役的主要是燃煤电站。燃气电站装机在 2017 年达到峰值，2018 年后虽略有下降，但依然保持了较大规模。英国电源结构中的高比例燃气发电装

---

❶ https://www.nationalgrid.com/document/146131/download。

机，在提供电量保障的同时，也为新能源消纳提供了重要的调节能力。

(三) 容量市场

为促进可再生能源发展的同时保证电源装机充裕和稳定，英国在 2014 年开展的新一轮电力市场改革中引入了容量市场，通过给予可靠容量一定的经济支付，确保在电力供应紧张的时候市场拥有充足的容量，从而保证电力供应的安全。英国的容量市场对电力供应端和需求端资源（例如，需求响应和储能）开放。具有负荷调节能力的电力用户，也可以通过主动调节电力负荷，在需求侧响应电网负荷调节需求，作为容量提供商参与容量市场。英国国家电网公司是容量市场的运营主体，根据电网运行的数据，提前制定备用容量需求，并定期提前在容量市场对备用容量需求进行拍卖。

(四) 调频辅助服务

随着新能源发电的快速增长，为解决电网电压、频率调节面临的压力，英国新出台了多个调频服务市场规则，主要包括 DC（Dynamic Containment）服务、DM（Dynamic Moderation）和 DR（Dynamic Regulation）服务❷。英国国家电网公司于 2020 年 10 月出台的一种快速调频服务（DC）。当电网频率出现偏离（±0.5Hz）后，电网调度参与该项服务的机组快速响应，从而维持电网频率。目前，英国电力市场上能够提供 DC 服务的机组均为电池储能项目，截至 2022 年底约有 200 万 kW（231 万 kW·h）的电池储能项目满足该要求。2022 年 4 月，英国国家电网公司又推出了两项新的类似 DC 的辅助服务市场 DR 服务（Dynamic Regulation）和 DM 服务（Dynamic Moderation）。DC、DR 和 DM 服务市场同时竞拍，同时出清。同一机组无法同时提供这三项服务，但可在不同时段申报不同服务类型。

根据英国国家电网对频率控制的规定，电网频率偏差在 ±0.2Hz 以内属于可控范围内，偏差在 ±0.5Hz 以内属于警戒状态，超过 ±0.5Hz 为严重故障状态。目前，根据电网相关技术要求，DR/DM 主要负责 0.2Hz 以内调频服务，DC 负责是超过 0.2Hz 以后的调频服务。DR 服务响应时间为 10s，幅度为 ±0.2Hz。DM 服务响应时间为 1s，幅度为 ±0.2Hz。DC 响应时间为 1s，幅度为 ±0.5Hz。

目前，英国电力市场 DC 调频服务的需求量较大，约为 80 万 kW，大幅高于 DR 和 DM 调频服务需求（分别约 10 万 kW），且电池储能电站是满足 DC 调频服

❶ electricity - market - reform - policy - overview，2012.11。

❷ https：//www.hxny.com/nd - 87140 - 0 - 17.html。

务技术要求的主要电源，因此现阶段参与 DC 调频服务，能够获得较高的辅助服务收益。

（五）平衡机制❶

英国电网的实时平衡，是通过电网调度机构组织实时平衡交易实现的。平衡市场由英国国家电网公司负责运营，目的是用市场化手段解决合同电量和实际电力之间偏差电量，保证电力系统的实时平衡。目前平衡机制交易的电量占全部用电量的 2%～5%。

（六）储能配置

英国公用事业单位配置储能的大发展起始于 2017 年，2022 年投产容量达到 569MW/789MWh。2021 年和 2022 年建成投产的储能项目规模至少为 20MW，大多数是 50MW 级别的独立项目，且 2022 年投产了首个 100MWh 储能项目。目前，英国在建的储能项目超过 2.6GW/4.3GWh，预计在未来 1 年半内投产；申请排队的储能项目数量达到 1318 个，容量达到 61.5GW。英国政府希望通过加快储能发展，解决电网基础设施建设滞后于风电发展带来的弃风电量问题，并在需求高峰期为国家电网提供重要支持。

3.2　印　　　度

为实现《巴黎协定》自主减排承诺目标，印度近年来出台一系列政策❷，加快可再生能源发展。截至 2022 年底，印度太阳能发电装机和风电装机分别居世界第四位和第五位。

3.2.1　发展现状

（一）印度新能源装机快速增长

2022 年，太阳能和风能占新增发电容量的 92%，煤电仅占 5%❸。截至 2022 年底，印度电源装机为 4.1 亿 kW❹，其中风光发电装机为 1.05 亿 kW（太阳能发电为 6330 万 kW，风电为 4193 万 kW），占比 25.6%（太阳能发电 15.4%、风电 10.2%），比 2017 年增长了 10.6 个百分点。2017 年以来印度电源装机增长变化情况如图 3-8 所示，2022 年印度电源装机结构如图 3-9 所示。

---

❶　https：//newenergy. in - en. com/html/newenergy - 2421531. shtml。

❷　IEA《India Energy Policy Review》，2020. 1。

❸　https：//ember - climate. org/insights/research/india - data - story - 2023/#supporting - material。

❹　截至 2023 年 3 月 31 日（印度财务年度从上年 4 月 1 日—本年 3 月 31 日），装机容量 4.16 亿 kW。

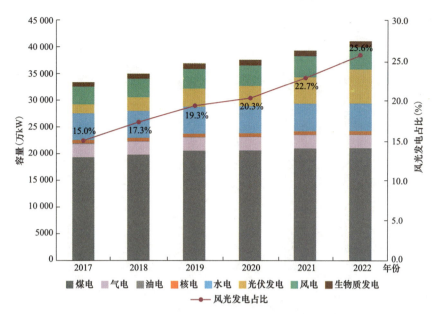

图 3-8　2017 年以来印度电源装机增长变化情况（万 kW）

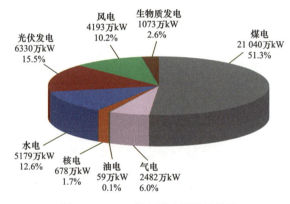

图 3-9　2022 年印度电源装机结构

虽然近年来可再生能源装机增长迅速，但印度电源装机依然以煤电为主，约占 51.3%，高于中国（43.8%）。

（二）印度发电量以煤电为主

2022 年，印度总发电量约为 1.84 万亿 kW·h，其中风光电量合计为 1652 亿 kW·h，占比为 9%，煤电发电量占比为 74.2%。

近年来，印度发电量保持快速增长，多数年份的增长率保持在 7%～10% 之间。由于新冠肺炎疫情影响，2020 年增长率降为负值，但 2021 年后出现较大反弹。

2017 年以来印度发电量及结构变化情况如图 3-10 所示，2022 年印度发电量结构如图 3-11 所示。

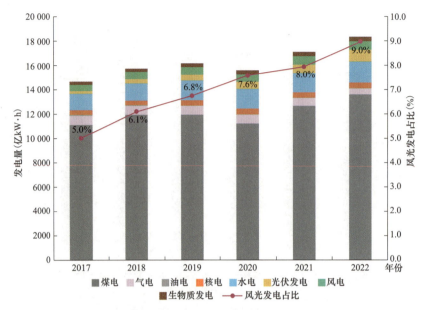

图 3-10　2017 年以来印度发电量及结构变化情况

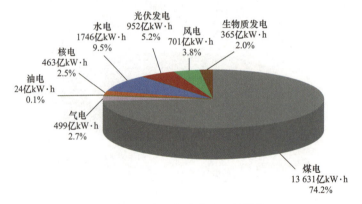

图 3-11　2022 年印度发电量结构

3.2.2　可再生能源政策

为促进可再生能源发展，印度政府采取了上网电价和其他激励措施，如加速折旧、GBI（基于发电的激励）、RPO（可再生能源购买义务）、所得税减免、"必须运行"规则等❶。

（一）发展目标

作为《巴黎协定》一部分，印度制定了可再生能源发展目标：到 2022 年，

---

❶　https://energy.economictimes.indiatimes.com/energy-speak/the-reality-of-must-run-status-of-renewable-energy-projects-in-india/4160。

可再生能源装机容量达到 1.75 亿 kW，其中 1 亿 kW 光伏；到 2030 年，可再生能源装机容量达到 4.5 亿 kW，非化石能源发电量占比达到 40％。

在 2021 年格拉斯哥举行的 cop26 会议上，印度进一步提高 2030 年目标：可再生能源装机达到 5 亿 kW，并宣布到 2070 年实现碳中和[1]。

根据修订后的国家自主贡献，印度政府采用了一个更加灵活的目标，即到 2030 年非化石能源（即包括核能）累计发电装机容量占比达到 50％。4.5 亿 kW 的可再生能源容量目标已在国内保留并写入国家规划文件[2]。

（二）支持措施

政策支持措施主要为已发布及正在执行的政策措施。

1. 可再生能源购买义务（配额制）

2003 年 5 月，印度颁布《电力法》[3]，明确提出：鼓励可再生能源发电，提供并网支持及售电给用户，要求配电许可证持有人必须按地区总用电量的一定比例购买可再生能源。各州电力监管委员会负责设定各州的最低配额。如喀拉拉邦州电力监管委员会在 2010 年设定可再生能源配额为 3％，其中 0.25％来自太阳能，2.75％来自非太阳能；每年在 3％的基础上增长 10％，直到最大值 10％[4]。

在印度电力部 2022 年 7 月发布的最新政策文件中，给出了 2022—2030 年印度可再生能源购买义务的指标。到 2029—2030 年，风能、水能和其他可再生能源的购买义务合计将达到 43.33％，其中风能占 6.94％，水能占 2.82％，其他可再生能源占 33.57％。各财政年度的可再生能源购买义务指标见表 3-1。

表 3-1　可再生能源购买义务的未来指标

财年	风电购买义务	水电购买义务	其他可再生能源购买义务*	合计
2022—2023	0.81％	0.35％	23.44％	24.61％
2023—2024	1.60％	0.66％	24.81％	27.08％
2024—2025	2.46％	1.08％	26.37％	29.91％
2025—2026	3.36％	1.48％	28.17％	33.01％
2026—2027	4.29％	1.80％	29.86％	35.95％
2027—2028	5.23％	2.15％	31.43％	38.81％

[1]　India's Target of 500 GW Renewable Energy by 2030。
[2]　iisd. org/story/mapping - india - energy - policy - 2022 - update。
[3]　https：//cercind. gov. in/Act - with - amendment. pdf。
[4]　https：//www. saurenergy. com/solar - energy - blog/indias - policy - framework - for - low - carbon - electricity - generation。

续表

财年	风电购买义务	水电购买义务	其他可再生能源购买义务*	合计
2028—2029	6.16%	2.51%	32.69%	41.36%
2029—2030	6.94%	2.82%	33.57%	43.33%

* 其他可再生能源购买义务为除了风电和水电之外的其他可再生能源，包含光伏。

2. 发电激励措施❶

2008 年 1 月，印度政府宣布将为太阳能发电提供补贴。并网型太阳能发电补贴包括太阳能光伏发电 12 卢比/（kW·h）和太阳能热发电 10 卢比/（kW·h）。每个邦的最大容量为 1 万 kW，每个开发商最大容量为 0.5kW。资本投资者将没有资格申请。开发商将电力出售给公用事业公司，由公用事业公司通过电价的形式支付发电激励，为期 10 年的激励措施独立于各州提供的其他财政援助。

2008 年 7 月，印度新能源和可再生能源部启动了一项基于新一代风力发电的激励计划，旨在促进对新的和大型独立风电生产商的投资，以确保实现到 2012 年新增 1050 万 kW 风电容量的目标。新的风电项目并网容量必须大于 0.5 万 kW，必须安装在风能技术中心认证过的位置。符合条件的项目投资者将获得为期十年、0.5 卢比/（kW·h）的补贴。风电发电激励共执行了两批次：2009.12.17—2012.03.31（容量为 203.1 万 kW）、2013.04.01—2017.03.31（容量为 1159.4 万 kW）。

3. 国家太阳能计划❷

2010 年 1 月，印度政府发起实施国家太阳能计划，设定目标为 2022 年太阳能发电并网容量达到 2000 万 kW。该目标于 2015 年 6 月修订为 1 亿 kW，具体划分为：屋顶太阳能发电，4000 万 kW；大中型并网太阳能项目，6000 万 kW。

4. "必须运行"规则

印度电力部于 2021 年 10 月发布《电力（促进必须运行的电厂发电）规则》。根据规则，授予可再生能源发电厂（生物质发电厂除外）"必须运行"发电厂地位。可再生能源发电厂不得因优先调度或其他考虑而受到任何发电或电力供应的限制或管制而减少发电量。采购商只能因为技术限制或电网安全而削减电力。如果必须运行的发电厂出现限电情况，采购商有责任按照购电协议（PPA）约定的费率对发电机进行补偿。

---

❶ https：//www.iea.org/policies/4581 - solar - and - wind - power - generation - based - incentives。

❷ https：//byjus.com/free - ias - prep/national - solar - mission/。

5. 绿色输电走廊

绿色能源走廊项目旨在促进太阳能和风能等可再生能源的大规模并网传输。印度新能源与可再生能源部于2015—2016年批准了州内输电系统项目。在泰米尔纳德邦、拉贾斯坦邦、卡纳塔克邦、安得拉邦、马哈拉施特拉邦、古吉拉特邦、喜马偕尔邦和中央邦八个可再生资源丰富的邦实施,项目具体由各州输电公司实施。

为传输超过2000万kW的大规模可再生能源及加强各州电网建设,项目的目标是在2022年12月前投运9700km的输电线路和2260万kV·A容量的变电站。

截至2022年11月30日,绿色输电走廊项目完成情况如表3-2所示。

表3-2　　　　　　　　　绿色输电走廊项目完成情况

州	线路目标(km)	线路建设情况(km)	变电站目标(MV·A)	变电站建设情况(MV·A)
泰米尔纳德邦	1068	1068	2250	1910
拉贾斯坦邦	1054	984	1915	1915
安德拉邦	1073	739	2157	950
喜马偕尔邦	502	470	937	653
古吉拉特邦	1908	1429	7980	6980
卡纳塔克邦	618	609	2702	2490
中央邦	2773	2773	4748	4748
马哈拉施特拉邦	771	625	—	—
全部	9767	8697	22 689	19 646

6. 储能义务[2]

2022年7月,印度电力部发布文件,将储能纳入购买义务范围。储能义务规定,在2023—2024财年,通过储能利用的太阳能和/或风能电量占总用电量的比例为1%,到2029—2030财年上升至4%。储能义务指标计算以年总用电量为基础,当完成比例达到85%以上时即可认为完成了储能义务指标。储能中存储的可再生能源,也视同完成可再生能源购买义务指标。储能义务需要根据投运的抽水蓄能容量而定期修订,以便接纳具有商业运行希望的储能新技术及降低电化学储能成本。未来财政年度的储能义务指标如表3-3所示。

❶ https://mnre.gov.in/green-energy-corridor。

❷ https://www.energy-storage.news/india-adds-energy-storage-obligation-policy-to-renewable-energy-purchase-scheme/。

表 3-3　　　　　　　　　　　未来财政年度的储能义务指标　　　　　　　　　　　%

财年	储能消费比重（以能源为基础）
2023—2024	1.00
2024—2025	1.50
2025—2026	2.00
2026—2027	2.50
2027—2028	3.00
2028—2029	3.50
2029—2030	4.00

3.2.3　促进新能源发展的研究

2022 年印度风光电量占比为 9%，比我国低 34%，印度新能源消纳问题主要着眼于未来。

（一）推动煤电灵活性改造

为满足新能源大规模并网的系统灵活调节能力需求，印度中央电力局于 2023 年 2 月发布研究成果《煤电机组灵活性：实现 40% 最小技术出力路线图》，研究中以国家/地方/私有企业的 6 台 500MW 级机组作为示范项目测试机组，系统研究了实现 40% 最小技术出力目标的机组爬坡（上/下）速率、改造和运行成本变化、效率和等效强迫停运率、煤质及排放影响、人员培训及运行策略等。

研究显示，煤电灵活性改造是经济性仅次于水电/抽水蓄能的灵活性资源，且具有量大优势；在存量煤电灵活性改造后，再考虑大规模发展成本更高的电化学储能；将基荷煤电改造为最小出力 40% 的灵活调节电源，综合考虑机组改造投资、效率损失、燃油辅助等措施，将给一些老机组带来 7%~8% 的成本增加（固定＋可变）。

根据研究成果，将首先推动国家/地方/私有企业的 11 个煤电机组（2016 年 1 月投产—2022 年 12 月投产）作为第一批改造示范，并利用《巴黎协定》国家自主减排贡献的技术研发与转让基金，或国家基金对一些机组给予资助。

（二）做好输电规划❶

为研究实现 2030 年拥有 5 亿 kW 非化石能源装机容量所需的输电系统规划，印度成立了以中央电力局主席为首的委员会，成员来自印度太阳能公司、印度中央输电公司、印度电网公司、国家太阳能研究所和国家风能研究所。研究显示，

---

❶　https：//www.thehindu.com/news/national/cost-of-transmitting-clean-energy-in-india-to-exceed-2-trillion/article66235468.ece。

为满足 5 亿 kW 非化石能源装机，需要新增输电系统包括 8120km 的高压直流输电线路，25 960km 的 765kV 交流线路、15 758km 的 400kV 线路和 1052km 的 220kV 电缆，估计成本为 2.44 万亿卢比。该规划还包括传输位于古吉拉特邦和泰米尔纳德邦的 1000 万 kW 海上风电所需的系统。根据该输电规划，到 2030 年，跨省区输电容量将从目前的 1.12 亿 kW 增加到约 1.5 亿 kW。

（三）大力发展电池储能

为了实现印度的碳减排承诺，根据印度中央电力局的研究，2030 年印度非化石能源发电装机容量需要达到 5 亿 kW，占电源总装机的 50％。由于可再生能源发电每天仅在有限的时间内可用，到 2030 年需要安装 5150 万 kW 的电池存储容量，为终端消费者提供全天候电力供应。

（四）加强联网与统一调度

为保障 2022 年可再生能源并网目标，印度政府与 NREL 实验室合作开展研究，形成报告《绿色电网：将 1.75 亿 kW 可再生能源并入印度电网的途径》卷Ⅰ-国家研究和卷Ⅱ-区域研究，研究了印度电网如何在 15min 的运行时间尺度内实现 1 亿 kW 太阳能和 6000 万 kW 风能的电力系统平衡，并且实现弃电量最少。

（1）全国联网和统一调度，可比常规运行模式的总供电费用（2.3 万亿卢比）节省 3.5％，区域联网和调度可节省 2.8％，弃电率比常规发展模式降低 0.51 个百分点和 0.1 个百分点。

（2）降低煤电最小出力，也可很好地实现减少弃电量，但减少的供电总费用可以忽略。

（3）降低煤电最小出力与区域平衡联合，可节省总费用的 3.3％，且弃电率比常规发展模式低 0.67 个百分点。

研究结果表明：①国家和区域层面的联合调度，可通过平滑可变性和扩大系统灵活性供应来节省成本；②煤电机组的灵活性对于最大限度地减少可再生能源弃电率至关重要；③快速增长的新基础设施（如天然气发电）对于保持平衡并不是必不可少的；④燃煤电厂的平均出力仅为 50％，新电价结构不再关注能源输送，而是补偿电厂的容量成本以实现灵活性目标。

3.3 小 结

为推进碳中和，英国和印度都制定了风光发展目标，提出了促进消纳的相关举措，主要可以归纳为加强电网建设与联网、加强储能配置、挖掘火电调节能力等。

英国可再生能源发展以风光为主，2022 年风光发电量占比为 28.9％，比我国高 111％，弃电率约为 4.6％。英国通过与时俱进地不断完善可再生能源发展政策，已实现从购买义务、直接补贴向依靠市场并不断完善市场建设的转变，如差价合约（CfD）、容量市场、调频市场等，既通过市场竞争发现价格，又给予可再生能源及调节电源稳定的收益预期，确保了各类电源发展积极性及系统电力供应安全。同时，加强跨国联网、保持较高燃气发电比例、促进配置储能等措施，使系统拥有充足的灵活调节能力以适应风光发展及消纳利用需要。

截至 2022 年底，印度风光发电装机容量约占总装机容量的 25.6％，风光发电量占比为 9％，比我国低 34％。印度正处于风光装机快速增长阶段，2022 年风光占年新增装机的 92％。印度通过制定购买义务（配额制）、"必须运行"规则（全额收购）、绿色输电走廊、储能义务等政策保障了风光装机的快速发展。为支撑战略目标与规划，构建政府牵头，发电企业、电网企业、科研机构参与的联合团队，开展政策前研究、系统充分研究，给出优化的研究成果和政策措施。

4

新能源发电并网专题研究

结合近中期新能源并网发展重点任务与问题，本章围绕沙戈荒大型风电光伏基地、提升分布式光伏接入电网承载力的储能配置、江苏海上风电发展及并网、新能源与煤电统筹发展等内容开展专题研究。

4.1 沙戈荒大型风电光伏基地开发

4.1.1 理念和意义

（一）发展理念

2022年1月，我国政府提出："要立足我国能源资源禀赋，要加大力度规划建设以大型风光电基地为基础、以其周边清洁高效先进节能的煤电为支撑、以稳定安全可靠的特高压输变电线路为载体的新能源供给消纳体系"。2022年2月，国家发展改革委、国家能源局发布《以沙漠、戈壁、荒漠地区为重点的大型风电光伏基地规划布局方案》，"十四五""十五五"期间将以库布齐、乌兰布和、腾格里、巴丹吉林沙漠为重点，以其他沙漠和戈壁地区为补充，综合考虑采煤沉陷区，规划到2030年沙漠基地、采煤沉陷区和戈壁地区风光装机4.55亿 kW。

（二）重大意义

国家提出的以沙漠、戈壁、荒漠地区为重点的大型风电光伏基地开发和新能源供给消纳体系建设思路，集中体现了对新时代新能源"立"得住的迫切需求。 2021年5月，国家发展改革委、国家能源局发布了《关于促进新时代新能源高质量发展的实施方案》，在国家发展改革委的政策解读中提出，促进新时代新能源高质量发展，要重点解决新能源"立"的问题，更好地发挥新能源在能源保供增供方面的作用，为我国如期实现碳达峰碳中和奠定坚实的新能源发展基础。

一方面，大型风电光伏基地能够促进发挥新能源在能源保供增供中的作用，实现能源"立"得住。我国风电、太阳能发电等新能源储量丰富、开发利用潜力巨大，在能源电力低碳转型要求下，随着新能源发电技术经济性的提升，新增非化石能源发电需要以新能源为主。以大型风电光伏基地为基础的新能源供给消纳体系突出以系统思维实现安全保供，能够推动传统能源与新能源优化组合，发挥电网平台和枢纽作用，推动新型储能快速发展，协同保障电力系统供需平衡。另外，大型风电光伏基地充分利用了我国西部北部的优质太阳能和风能资源，能够实现新能源发电规模不断扩大，持续发挥新能源的清洁电量替代作用。

另一方面，大型风电光伏基地能够促进新能源及相关产业高质量发展，实现产业"立"得住。2022 年 5 月，国务院发布扎实稳住经济一揽子政策措施，其中就包括"加快推动以沙漠、戈壁、荒漠地区为重点的大型风电光伏基地建设，近期抓紧启动第二批项目"。通过大型风电光伏基地建设对新能源及相关产业的带动，能够更好促进新能源相关产业实现高水平的自立自强，抢占全球能源绿色低碳转型创新链和价值链的制高点；更好打造新能源相关战略性全局性产业链，增强新能源产业链对整体经济链的带动作用；更好推动新能源产业在形成绿色生产生活方式、实现全民参与和共享发展、促进产业转型与产业转移、发挥生态效益等方面发挥广泛牵引和赋能作用，助力西部大开发等国家重大战略实施。

此外，以沙漠、戈壁、荒漠地区为重点的大型风电光伏基地还具有良好的生态效益。通过光电治沙等手段充分发挥新能源的生态环境效益和生态治理效益。太阳能发电基地的生态治理模式主要是，光伏电站通过消减风速、对沙面形成有效保护减少水分蒸发等有利条件，在光伏板间密植适宜沙漠、戈壁、荒漠生长的矮化经济林，在光伏板下开展生态修复治沙及种植，在高支架区进行农业种植等，能够形成生态治理、林业产业、科技创新及孵化为一体的绿色经济体系，促进沙漠治理与能源、经济发展相协调。

4.1.2 项目总体情况

（一）实施进展

2021 年 11 月，国家发展改革委、国家能源局发布第一批以沙漠、戈壁、荒漠地区为重点的大型风电光伏基地建设项目清单。2022 年 7 月，第二批项目清单正式印发，主要布局在内蒙古、宁夏、新疆、青海、甘肃等地区。截至目前，第一批 9705 万 kW 基地项目已全面开工，项目并网工作正在积极推进，力争于2023 年年底前全部建成并网投产，第二批基地项目已陆续开工建设。第三批基地项目清单已于 2023 年 4 月正式印发实施。

第一批沙戈荒大型风电光伏基地项目规模及分布见表 4-1，第二批项目分布见表 4-2。

表 4-1　　　　　　第一批沙戈荒大型风电光伏基地项目规模及分布　　　　　万 kW

省区	沙戈荒地区	其他地区	合计
内蒙古	800	1220	2020
青海	1090		1090
甘肃	655	200	855
陕西	900	350	1250
宁夏	300		300
新疆	240		240
山西		200	200
辽宁		410	410
吉林		730	730
黑龙江		280	280
河北		300	300
山东		200	200
四川		140	140
云南		270	270
贵州		300	300
广西		600	600
安徽		120	120
湖南		100	100
新疆生产建设兵团	300		300
合计	4285	5420	9705

表 4-2　　　　　第二批沙戈荒大型风电光伏基地"十四五"项目分布　　　　万 kW

区域	新能源	支撑电源	
		煤电扩建	煤电改造
库布齐	3900	800	660
乌兰布和	2100	400	200
腾格里	4500	1000	532
巴丹吉林	2300	400	200
采煤沉陷区	3700	200	2620
合计	16 500	2800	4212

（二）配套调节电源

根据政策文件，库布奇、乌兰布和、腾格里、巴丹吉林四大沙漠及采煤沉陷区的大型风电光伏基地项目配套调节电源主要以煤电改造、新增煤电为主，合计约 7012 万 kW，在"十五五"期间，以新增煤电为主；其他沙漠和戈壁地区项目的配套调节电源以煤电改造、新增煤电、水电、气电为主，合计约 1900 万 kW，"十五五"项目的配套调节电源主要以新增煤电为主，部分地区配置了新增抽蓄和气电。

4.1.3 开发基本原则

为落实国家沙戈荒基地布局规划、支撑政府做好开发外送规划，国家电网提出按照大型基地、支撑煤电、特高压通道**"三位一体"**开发原则，以及推动新能源和配套电网、调节能力同步规划、同步建设、同步投运的**三同步原则**，按照全国一盘棋的系统观念，统筹电力保供和外送，支撑电源和新能源、站址和走廊资源等，研究提出了多回沙戈荒大型风电光伏基地直流外送方案，同步研究了送受端电网格局，滚动调整了国家电网有限公司经营区跨区通道、区域主网架规划方案。

4.1.4 案例介绍

以某风光火储一体化沙戈荒大基地项目为例，介绍±800kV 输电通道需要满足的"三原则"、输电曲线设计、储能优化配置、交易组织与结算方式等。

(1) 配置原则：为保障可持续、高效及绿色发展，按照国家有关能源政策和送受端电网需求，配套调节电源需保障直流外送工程同时满足以下 3 项原则：

1）通道输电利用小时数：不低于 4500h。

2）通道可再生能源电量占比：大于 50%。

3）通道配套新能源利用率：保持在合理水平（长期协议按照大于 90% 考虑）。

(2) 光风火（煤电）配置比例。根据规划，该基地以光伏为主，光伏装机容量为 900 万 kW，风电装机容量为 400 万 kW，煤电装机容量为 464 万 kW，煤电：风电：光伏的配置比例为 0.52：0.44：1.00。

(3) 风光出力特性。光伏年利用小时数约为 1500h，日内 14 时前后出力最大，以春季为例，14 时的平均出力 0.57p.u.，不同日的出力波动范围约为 0.5p.u.。风电年利用小时数约为 2160h，在不同日、日内不同时段的出力具有较大随机性，以 13 时为例，不同日的出力波动范围达到 0.3p.u.。从典型日出力曲线可见，风电在凌晨与傍晚的出力较大，午间出力较小，风光出力具有较好的互补性。

各月典型日光伏出力曲线见图 4-1，各月典型日风电出力曲线见图 4-2。

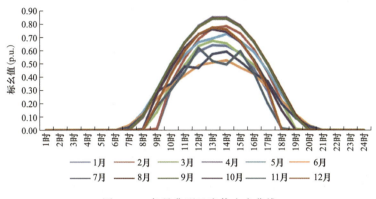

图 4-1　各月典型日光伏出力曲线

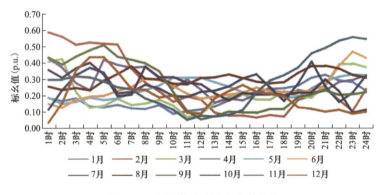

图 4-2　各月典型日风电出力曲线

（4）输电曲线。根据直流外送工程必须满足的"三原则"分别计算得年送电量为 360 亿 kW·h（根据 4500h 计算），新能源电量占比为 55.6%，新能源利用率为 90.3%。由于风光发电出力受气象条件决定的自然属性，输电曲线采用午间高、早晚时段低的三段式曲线，夏冬季晚高峰电力为 400 万 kW，秋、春季晚高峰电力下降到 280 万 kW 和 270kW。考虑基地送端配套煤电装机容量为 464 万 kW 及风光发电出力的置信容量，长期协议中确定的输电曲线最大值低于通道最大输送能力（800 万 kW）。考虑送端电网新能源富余程度，网对网运行方式下，该直流具备送电 800 万 kW 的能力。直流外送工程输电曲线如图 4-3 所示。

（5）储能配置。根据直流外送工程必须满足的"三原则"、大基地风光出力特性、配套煤电调节能力及输电曲线，经过 8760h 的全年系统生产模拟，研究显

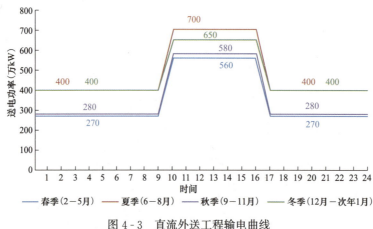

图 4 - 3 直流外送工程输电曲线

示配置储能每 2 小时 130 万 kW 既可满足总体目标及各项约束条件。基地储能优化配置结果及相关指标完成情况见表 4 - 3。

表 4 - 3 基地储能优化配置结果及相关指标完成情况

煤电装机容量 （万 kW）	风电装机容量 （万 kW）	光伏装机容量 （万 kW）	储能 2h （万 kW）	直流年送电量 （亿 kW·h）
464	400	900	130	360

新能源电量占比 （%）	新能源利用率 （%）	配套煤电利用小时数 （h）	夏冬季晚高峰电力 （万 kW）
55.6	90.3	3459	400

（6）组织方式。在全国统一电力市场体系和跨省区市场交易机制等政策框架下，直流配套电源发电量全部纳入国家送电计划。直流通道富余空间，通过市场化方式组织送电。直流配套电源由国调中心直接调度（或授权下级调度机构），直流送电交易由北京电力交易中心组织，送受双方依据协议在电力交易平台上达成交易。

（7）输送电价。直流配套电源国家送电计划电量上网电价，遵照国家文件要求，经市场主体协商确定，否则按照"利益共享、风险共担"原则按长期合作协议设定执行；送端网汇电量及通道富余空间输送的市场化交易电量，上网电价按照交易结果执行。

（8）电量结算。直流配套电源国家送电计划电量，由国家电网有限公司及其下属电网企业与发电企业签订年度购售输电合同，合同中进一步明确年度送电曲线，并遵照"照付不议"原则在合同中明确偏差考核条款，确保合同严格履约；送端网汇电量及通道富余空间输送的市场化交易电量，按照市场化交易结果签订相应合同并履约。

4.2 提升分布式光伏接入电网承载力的储能配置

4.2.1 研究背景

高比例新能源接入将会导致配电网双向潮流，可能带来电压控制问题和线路反向负载过高问题。随着新能源发电的进一步增多，当发电出力与当地负荷需求不匹配时，必然产生电力过剩，潮流从新能源接入的低电压等级向较高电压等级电网层面流动。新能源接入电网将引起电压分布变化，但新能源投入、退出时间以及有功无功功率输出的准确预测、实时监测技术复杂，成本高，使得电网线路电压调整控制十分困难。此外，当新能源出力较大、负荷需求较小时，电网的反向负载情况可能比峰值负荷时的负载情况要大，产生线路过载。电流过载问题和电压越限问题密切相关，都是由反向潮流引起的，但受到的约束不同。

储能系统具备有功功率的双向调节和无功功率的四象限调节能力，可以有效缓解新能源接入后的节点电压升高和设备过载问题。随着储能技术的逐渐成熟和成本降低，储能作为一种提高电网接纳能力的有效技术手段，将在未来获得更广泛的应用。当电压越限或者电流过载时，通过储能系统存储部分新能源电量，尤其是出力高峰时刻电量，可以降低电网反向潮流对电网电压升高的负面影响，以及电流过载的风险，从而降低高峰出力带来的电网改造需求和限电量。同时，在大部分情况下还将有利于配电网网损的减少。此外，利用储能采用逆变器并网、可灵活调节无功功率的特点，将储能调节和无功补偿设备、变压器分接头等措施协调配合，调整配电网电压分布。

因此，储能的配比和时长不同对支持分布式电源并网消纳的作用也不同，需要建立计及分布式电源和储能的配电系统分析方法，选择典型案例，对不同储能接入情况进行量化分析，梳理得出具有代表性的观点，以支持政策制定和规划配置决策。

4.2.2 分布式光伏配置新型储能案例

（一）案例情况

1. 电网情况

某个行政村共有 4 台公用配电变压器，主变压器容量为（3×100＋200）kV·A，居民 160 余户，电源为 35kV 城东站义安镇 512 线路。低压配电网案例如图 4-4 所示。

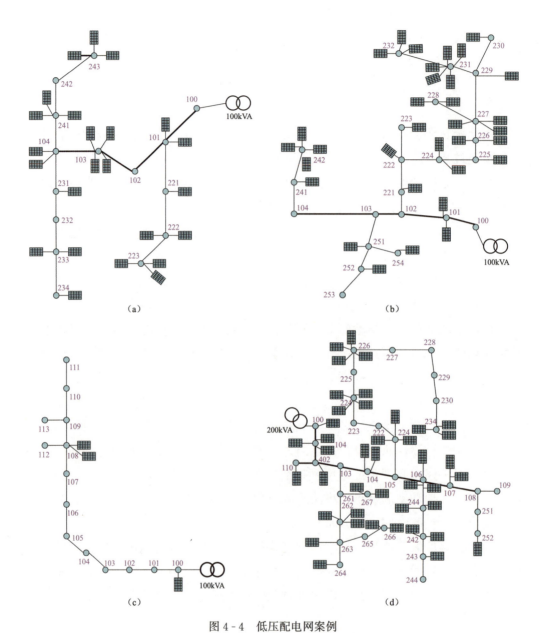

图 4 - 4　低压配电网案例

（a）村东北变压器；（b）村东变压器；（c）村南变压器；（d）村内变压器

　　每个光伏组件图标表示一个可安装 3kW 光伏的居民用户屋顶，加粗的线路表示主干线，未加粗的线路为分支线，数字为节点编号。主干线和分支线主要采用 JKLYJ - 35 型号线路。部分类型导线的技术参数如表 4 - 4 所示，设备价格材料参考电力工程造价与定额管理总站发布的《20kV 及以下配电网工程设备材料价格信息》（2015 年 1 月）。

表4-4 部分类型导线的技术参数

型号	电阻 （Ω/km）	电抗 （Ω/km）	最大热稳定电流 （A）	最大负载能力 （MV·A）	导线截面积结构 （mm²）
JKLYJ-25	1.38	0.48	90	1.637	25
JKLYJ-35	0.85	0.463	113	2.055	35
JKLYJ-50	0.66	0.451	180	3.273	50
JKLYJ-70	0.443	0.441	226	4.11	70
JKLYJ-95	0.32	0.429	276	5.019	95
LGJ-35	0.85	0.463	170	3.092	35
LGJ-50	0.65	0.453	220	4.001	50
LGJ-70	0.46	0.441	275	5.001	70
LGJ-95	0.332	0.2	317	120.79	95

2. 电源和负荷情况

该村共有居民160余户，户表数为217户，其中单相居民用户180户，三相动力用户37户，如表4-5所示。根据曲线显示，最大负荷出现在夏季某天午高峰，为223kW。

表4-5 用户和分布式光伏分布

台区	主变压器容量 （kV·A）	户表数（居民+动力） （户）	可安装光伏户数 （户）	可安装光伏总容量 （kW）
村南台区	100	24+13	3	9
村内台区	200	66+11	42	126
村东台区	100	60+10	33	99
村东北台区	100	60+3	24	72
合计	500	210+37	102	306

该村共有102户适合安装光伏发电系统，其中，村东变压器、村东北变压器、村内变压器和村南变压器可安装光伏的户数为33户、24户、42户和3户。按照每户安装3kW计算，允许安装的总装机容量为306kW。

分布式光伏发电出力特性曲线采用本地区邻近已建项目的实际出力特性曲线，用户用电特性曲线采用某典型用户的实测曲线，如图4-5和图4-6所示。

（二）不安装储能情况下的时序模拟分析

安装不同规模的光伏对电网的影响不同，分别选择每户安装3kW和1kW作为案例进行计算。

1. 户均3kW场景：合计306kW，渗透率为135%的案例

按照可安装光伏的用户每户安装3kW计算，容量渗透率为135%，相对较

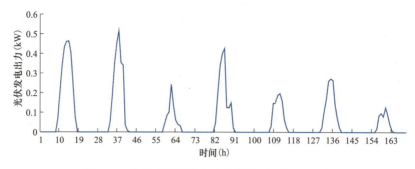

图 4-5　分布式光伏发电出力曲线（3月1—7日）

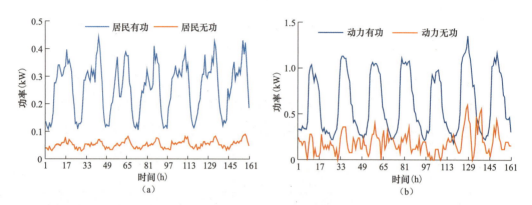

图 4-6　居民负荷和动力负荷典型周特性曲线（3月1—7日）

（a）居民负荷；（b）动力负荷

高。该方案下村内变压器没有光伏，光伏都集中在其他三个台区内，对电网运行影响较大，带来的限电量也比较大。

由于分布式光伏发电渗透率较高，利用配电系统分析和优化软件（DSAP）对该算例进行 8760h 的时序模拟计算分析，全年 8760h 中有 764h 存在电压越限或者设备反向过载问题，时段占比为 8.7%；限电量占比为 10.04%。

以典型周为例分析电网最高电压和分布式光伏发电出力特性。该周内有三天出现限电情况，分别是第一天 12—15 时，第二天 12—13 时，以及第四天 13 时，出现限电的时间基本都是光伏出力高峰时间，电网内最高电压超过 GB/T 12325—2008《电能质量　供电电压偏差》要求的 +7% 的上限。进行限电后，电压均满足了相关要求。某周的最大电网电压和光伏出力特性如图 4-7 所示。

2. 户均 1kW 场景：合计 102kW，渗透率为 45% 的案例

按照可安装光伏的用户每户安装 1kW 计算，容量渗透率为 45%。利用配电系统分析和优化软件（DSAP）对该算例进行 8760h 的时序模拟计算分析，不存在电压越限或者设备反向过载情况。

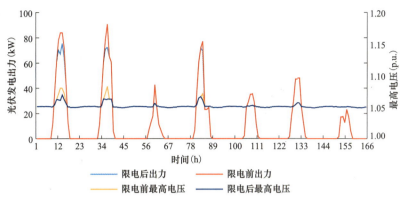

图 4-7 某周的最大电网电压和光伏出力特性

（三）储能选址和控制策略确定

根据局部 L 指标法（见附录 B）确定分布式光伏安装后系统的最薄弱节点。该低压配电网中有 4 个低压台区，除村南台区外都接入了较多的分布式光伏，存在电压超标风险，因此拟在除村南台区外的 3 个台区各选择 1 个电压薄弱点作为储能接入点。根据局部 L 指标法，3 个台区的电压薄弱点为 dong_232、dongbei_234 和 nei_231，将在这 3 个点接入储能。

按照每个可安装光伏的用户分别安装 0.5kW、1kW、2kW 和 3kW 进行计算，安装光伏规模分别是 51kW、102kW、204kW 和 306kW，对照最大负荷193kW 计算，容量渗透率分别是 23%、45%、90%、135%，24h 制的净负荷曲线分别如图 4-8 所示。

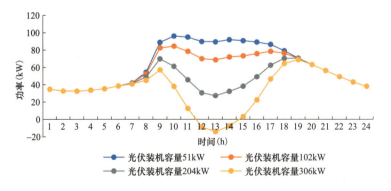

图 4-8 不同光伏装机容量下的电网净负荷曲线（合并全年 365 天）

通过对净负荷曲线的分析，根据上述数据初步判断，储能充放电时长在 3h左右，按照每天一充一放策略，在 11—14 时之间进行储能充电，17—20 时进行放电。

本报告采用 2h、3h、4h 时长三种情况进行考虑，同时为了防止储能在放电的时候导致末端电压升高，需要合理控制放电时的功率不能太高。

（四）安装储能情况下的时序潮流计算

选择 3kW 场景开展安装储能的时序潮流计算，分析全年出现电压越限或者设备反向过载时段以及带来的限电量情况，如表 4-6 所示。

表 4-6　　　　　　户均 3kW 场景储能容量配比对分布式光伏消纳的影响

场景	储能容量配比（%）	储能配置时长（h）	限电量占比（%）
户均 3kW 场景	5	2	8.2
	10	2	7.66
	20	2	7.4
	30	2	7.7
	5	3	7.1
	10	3	6.29
	20	3	5.4
	3	3	5.69

选择每户分布式光伏为 3kW、储能容量配置为 20%、时长为 3h 的场景，从全年 8760h 计算案例中选择 3 月 1—7 日展示计算结果。

图 4-9 展示了 3 月 1—7 日分布式光伏的理论出力和实际出力，由于该周部分天的光伏出力较高，属于全年高位，同时用电负荷相对较小，使得在配置储能的情况下也出现了限电，限电还是出现在午高峰时段。

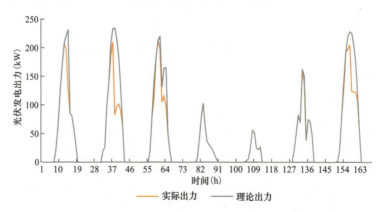

图 4-9　3 月 1—7 日的分布式光伏的理论出力和实际出力

图 4-10 中展示的储能出力情况，根据之前给定的储能充放电策略，放电功率为 12kW，每天合计放电时间为 10h，充放电功率为 60kW，每天合计充电时间为 3h。

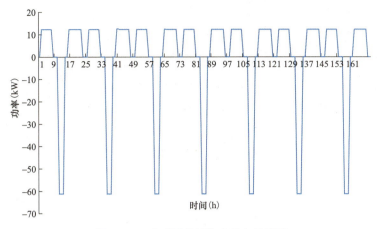

图 4-10 典型周的储能充放电曲线图

（五）储能对高比例分布式电源并网消纳的作用分析

基于近年来的实践，结合上述案例分析，提出如下观点。

（1）高比例新能源接入配电网，尤其是农村电网，将带来电压越限和反向负载率过高等问题，需要合理控制发展规模或者采用电网改造、加装储能等措施。

当新能源出力较大、负荷需求较小时，产生反向潮流，可能带来电压越限问题和反向负载率过高问题，带来限电。对于本报告中采用的案例，利用配电系统分析和优化软件（DSAP）进行 8760h 的时序模拟计算结果分析，135% 渗透率的时候限电量占比为 10.04%，90% 渗透率的时候限电率为 1%，45% 的时候不存在限电。

（2）配置储能可以有效减少限电规模，随着储能容量增大可以增加电网消纳能力，但是进一步增加储能配置容量时，限电量反而增加，原因是储能放电时功率较大引起电压越限或者反向负载率过高。

从本报告案例中可以看出，无论是户均 3kW 场景还是 2kW 场景，从没有储能，到配置 5%、10%、20% 的储能时，电网消纳能力逐步增高，限电量在逐步减少。以户均 3kW 场景、2h 时长储能为例，从没有储能的 10% 限电量，到户均 3kW 场景还是 2kW 场景中，可以看出，进一步增加储能容量或者时长时，限电比例反而会增加，根据数据分析，主要原因是储能放电时功率较大引起电压越限或者反向负载率过高，因此在确定储能放电策略的时候尽量延长放电时间，降低放电功率。

针对本案例来看，提升电网接纳分布式电源能力的合理储能配置容量在 20% 左右。

（3）储能时长的增加也可以有效提升电网消纳能力，时长的选择主要取决于

经济性。

户均 3kW 场景还是 2kW 场景中，储能时长从 2h 增加到 4h，电网接纳能力持续提升。以 3kW 场景为例，储能容量配置 5％时，配置 2h、3h、4h 的储能下，限电量分别是 8.2％、7.1％和 6.1％，持续降低。但是，也需要注意的是，如果持续提高时长，不但经济性不合适，同时也会导致放电时出现电压越限问题。

4.3 江苏海上风电发展及并网情况

海上风电是我国新时期能源转型的重要支撑，也是我国沿海省份发展海洋经济的重要力量。截至 2022 年底，我国海上风电累计装机达到 3250 万 kW，其中江苏占据较大比例，海上风电装机占全国比重为 36.4％。江苏海上风电发展起步早、规模大，其出力特性测算方法及结果可为其他海上风电开发省区开展电力规划及相关研究提供参考，其并网模式也可为其他省区海上风电并网提供借鉴。

4.3.1 江苏海上风电发电特性分析

（一）全年出力特性

2022 年底江苏海上风电总装机容量为 1183 万 kW，全年利用小时数为 2543h，与陆上风电相比利用小时更长，出力系数更高。全年海上风电出力峰值最大可达 90.6％，从图 4-11 可以看出，全年出力系数较大概率集中在 5％～15％之间。与陆上风电相比，海上风电有明显的翘尾效应，出力系数在 65％～80％概率有所增长。

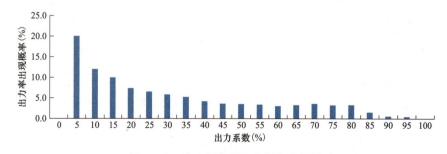

图 4-11 海上风电总出力概率直方图

对海上风电全年及不同季节出力特性进行分析，可以看出秋、冬季风电整体出力更高。全年下四分位值（25％百分位数）集中在 4.4％～7.8％，上四分位值（75％百分位数）集中在 38.9％～49.4％，如表 4-7 所示。

表 4 - 7　　　　　　　　　　海上风电出力系数分布情况　　　　　　　　　　%

项目	春	夏	秋	冬	全年
最小值	0.09	0.13	0.17	0.10	0.09
下四分位值	7.3	7.8	4.4	7.4	7.0
中位值	20.1	18.7	20.0	22.8	20.4
上四分位值	45.8	38.9	51.3	49.4	45.2
最大值	77.9	82.9	90.6	83.4	90.6

（二）置信出力特性

随着风电规模的不断增长，有必要分析风电作为顶峰电源的支撑作用，研究各种不同场景下的置信出力系数。在电力保供中，按照风电参与平衡的保守情况分析，风电置信出力系数应选取较大累积概率的小值。借鉴 IEC 62749《公用电网电能质量限值及其评估方法》，扣除 5% 极端最小值，剩下的最小值为风电置信出力的 95% 概率小值。为了实用方便，95% 概率可以将数据由小到大次序排列，舍弃前面 5% 的小值，取剩余数的最小值。

1. 全年 95% 概率置信出力（95% 概率小值）

对全年及四季海上风电出力情况进行分析，95% 概率置信出力水平较低，为 1%～3%，如表 4 - 8 和图 4 - 12 所示。这体现在全年各时点下风电的出力可信程度，反映较大时序范围需求下的风电出力。

（1）全年时段。对全年 5min 一个点海上风电出力数据进行分析，全年共 105 120 个样本点，海上风电出力系数最大值为 90.6%，最小值为 0.1%，平均值为 27.7%。考虑 95% 概率置信系数为 0.8%。

（2）四季时段。按照春、夏、秋、冬四个季节分析出力情况，95% 概率置信系数为 0.5%～1.1%，相比统调风电更低。

表 4 - 8　　　　　　　　　　全年 95% 概率置信系数　　　　　　　　　　%

项目	海上风电				统调风电
场景	最大值	最小值	平均值	95% 概率置信系数	95% 概率置信系数
全年时段	90.6	0.1	27.7	0.8	2.3
春季	77.9	0.1	27.4	0.7	2.8
夏季	82.9	0.13	25.5	1.0	2.3
秋季	90.6	0.17	28.6	0.5	1.7
冬季	83.4	0.10	29.7	1.1	2.7

2. 负荷高峰 95% 概率置信出力

根据电力平衡实际情况来看，平衡缺口主要集中在负荷高峰时段，平峰及低谷负荷情况下，常规机组即可满足电力供应需求，未来新能源需要更大程度参与高峰电力平衡。

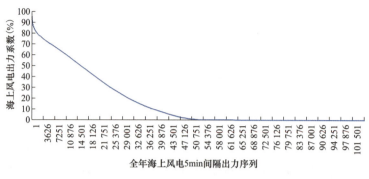

图 4-12　海上风电出力系数持续概率曲线

参考国家能源局"十四五"电力规划研究，考虑 5% 需求响应，最大负荷能够削减至 95% 左右，90%～95% 高峰负荷下新能源应承担支撑作用，对此开展高峰时段的风电 95% 置信出力分析。

经分析，高峰负荷时段海上风电 95% 概率小值（置信出力系数）约为 14.8%，晚高峰的置信系数更大。

（1）高峰负荷时段。对全年超过最大负荷 90% 的时段进行分析，出现在 2021 年 1、7、8 月的 11 天、67 个小时，共计 803 个样本点，风电出力系数最大值为 78.1%，最小值为 2.2%，平均值为 36.2%。负荷高峰时段，海上风电 95% 概率置信系数为 14.8%。

（2）日高峰时段。在高峰时段中，对 07：00—17：00 的数据进行分析，日高峰时段共计 563 个样本点，风电出力系数最大值为 78.1%，最小值为 2.2%，平均值为 31.0%。日高峰时段，海上风电 95% 概率置信系数为 14.3%。

（3）晚高峰时段。在高峰时段中，对 00：00—07：00、17：00—23：00 的数据进行分析，晚高峰时段共计 240 个样本点，风电出力系数最大值为 76.9%，最小值为 17.9%，平均值为 48.6%。晚高峰时段，海上风电 95% 概率置信系数为 26.7%。

高峰负荷 95% 概率风电置信出力系数见表 4-9。

表 4-9　　　　　　　高峰负荷 95% 概率风电置信出力系数　　　　　　　　　%

项目	海上风电				统调风电
场景	最大值	最小值	平均值	95% 概率置信系数	95% 概率置信系数
高峰时段	78.1	2.2	36.2	14.8	12.2
日高峰时段	78.1	2.2	31.0	14.3	11.3
晚高峰时段	76.9	17.9	48.6	26.7	24.6

注　高峰时段统计超过 90% 最大负荷；日高峰时段为 07：00—17：00。

（三）有效出力特性

对于风电出力，一方面需要考虑风电参与电力平衡的置信出力，另一方面需要分析风电有效出力特性，研究风电大发方式下全省电力流分布情况，对系统承载能力进行校核。在风电外送分析中，按照系统承载的保守情况分析，风电有效出力系数应选取较大累积概率的大值。同样借鉴95％概率原则，扣除5％极端大值，剩下的最大值为海上风电有效出力的95％概率大值。

经分析，海上风电全年95％概率大值约为75.0％，即海上风电出力系数超过75.0％的情况为小概率事件（仅有5％），若将超过有效出力系数的海上风电出力弃除，对应弃电率约为0.7％。

春、夏季海上风电有效出力系数约为71％，秋、冬季海上风电出力相对较高，95％概率有效出力系数达到约为77％。全年95％概率大值对应海上风电有效出力系数见表4-10。

表4-10　　　　　　　全年95％概率大值对应海上风电有效出力系数　　　　　　　　％

场景	95％概率有效出力（海上风电）	95％概率有效出力（统调风电）
全年时段	75.0	71.2
春季	70.9	68.3
夏季	71.0	65.2
秋季	76.8	73.1
冬季	77.2	74.6

若按照95％消纳率要求，保证弃风电量小于5％，对应2021年海上风电保证电量的最大出力系数为62.2％。相当于全系统按照62.2％海上风电装机开展电网送出、调节能力配置，即可满足海上风电95％以上消纳率要求。如果考虑电力系统送电及调节裕度，按照该出力系数配置，实际消纳海上风电电量的能力还将增加。

（四）调峰特性

通过风电调峰系数可以量化风电反调峰特性。定义风电调峰系数为日负荷最大、最小时刻风电出力值之差与风电装机的比值，若该值为正，则为正调峰；为负，则为反调峰。通过全年的数据计算得到，海上风电调峰系数累计概率达到95％对应的调峰系数区间在−50％～＋50％区间。风电一年中最大正调峰系数最大为68％，反调峰系数最大为65％，最大反调峰日出现在1月13日。全年海上风电日调峰系数概率分布如图4-13所示。

图 4-13　全年海上风电日调峰系数概率分布图

4.3.2　江苏海上风电接入并网

（一）交直流并网结构对比

目前，大多数风电场采用交流并网方式，即风电场发出的电能经变压器升压后与交流大电网连接。这种拓扑结构相对成熟，但交流并网条件较苛刻，对频率、相位等因素要求很高，一旦不满足，则容易产生大量谐波和无功分量，导致并网失败。此外，交流传输线路会产生大量容性无功功率，需要添加无功补偿设备，这又从另一方面增加了系统构造的成本。交流并网的技术瓶颈在于：

（1）风电场内必须增加无功补偿设备来保证低压穿越能力。

（2）风电场和所连接的交流系统必须严格保持频率同步。

（3）对于海上风电场，交流电缆在远距离输电中会造成大量功率损耗。

直流并网结构可以有效避免传统交流并网结构中能量转换效率低、灵活性差的缺点。与传统结构相比，风电场直流并网的结构易实现单位功率因数控制，拥有良好的长远距离输电能力，具有很强的可控性和稳定性。直流并网的结构具有灵活性优势，各个风电机组通过相应的接口电路并入直流母线，可以简化电网的控制，排除了电压相位、无功功率等一些交流电能质量指标，只需要控制风电场内部电网的电压，整个电网呈现出一种最为简单的纯阻性直流电路，这使得控制更为简单，效率得以提高。此外，这种结构还可以根据电网需求，灵活可调地发出或吸收一部分能量，这对提升稳定性、优化潮流分布都具有一定作用。由于能够提供一定的电压支撑，直流并网结构大幅提升了风电场的低压穿越能力，有效防止风电场电压波动对交流系统造成的影响。

根据相关研究成果，若仅考虑设备投资成本，百万千瓦风电场群交直流输电方案的等价距离约为 83km（即超过 83km 时直流方案更经济，低于 83km 时交流方案更经济）。若进一步考虑输电系统全生命周期的总成本，风电场交直流输电方案的等价距离约为 63km。**因此，在进行并网结构选择时，近海风电场宜选用交流结构；大规模远距离输送时采用直流并网结构更适合，可以很好地控制系统的线损网损，故障穿越、隔离和稳定性更高。**

海上风电交直流输电比较如图 4 - 14 所示。

图 4 - 14　海上风电交直流输电比较

（二）江苏海上风电典型并网模式

江苏海上风电典型并网模式主要包括三种，实际并网时可根据并网规模、电网接纳能力、离岸距离等因素灵活选择合适的并网模式。

一是接入地区 220kV 电网就地就近消纳。在陆上风电、潮间带风电、海上风电发展初期，采用该模式。

二是通过 500kV 接入电网。随着海上风电规模的增大，沿海地区 220kV 电网已不具备消纳新增海上风电的能力，继续补强 220kV 电网的代价极大。因此，部分风电升压至 500kV 电网在全省范围内消纳。

三是柔直登陆后接入 500kV 电网。对于海缆路由较长的射阳远海 100 万 kW、如东远海 110 万 kW 海上风电群，柔性直流输电方式在经济性、技术可行性等方面均具有优势，因此推荐远海风电场在海上打捆后以直流方式登陆，登陆后逆变为 500kV 电压等级接入电网。

4.3.3　海上风电发展建议

江苏省海上风能资源丰富，自然灾害气候制约因素少，是我国海上风电建设条件最优的区域之一；同时，江苏省海上风电产业已十分完善，并成为地方经济发展的重要支柱，因此继续发展江苏省海上风电既是我国可再生能源发展的具体落实，也是维护产业平稳发展的有力保障。结合海上风电发展实际，相关建议如下：

一是针对去国补政策，建议国家出台海上风电相应优惠财税政策，降低贷款利率及相关税率；同时将海上风电纳入绿证交易的新能源种类范围，允许参与绿证交易。

二是针对"十四五"远海开发趋势，建议国家制定领海外海上风电开发建设管理办法，明确领海外海上风电项目核准、开工等相关审批流程，为项目开发奠定法律基础。

三是针对海上风电装机规模较大、工程不确定性强的特点，电网配套规划建设存在较大风险，建议能源主管部门结合地区负荷发展和电网建设情况，适时适度、有序开发海上风电。

四是针对海上风电出力波动性大、台风等极端情况出力较大、地方电网存在消纳困难和变压器倒送电等情况，需根据海上风电汇流接入情况深入分析，适时通过更高电压等级接入电网运行。

4.4 新能源与煤电统筹发展

在碳达峰前，依然需要新增一定规模的煤电，一方面与可再生能源、核电等新增装机一起满足新增用电量需求，另一方面提供容量支撑、确保系统电力平衡与电力供应安全。随着可再生能源并网装机规模与电量不断提升，煤电逐步由电量提供主体转变为容量提供主体，同时提供灵活调节能力和确保电力系统安全，并逐步实现自身清洁化，为我国构建新型电力系统与低碳转型保驾护航。总体来看，两者未来的功能定位是"煤电保安全、新能源调结构"。

4.4.1 煤电的基础保障与调节支撑作用

(1) 煤电是保障我国能源安全的"压舱石"和"稳定器"。

煤炭是我国能源安全保障的基石。 我国能源资源禀赋特点为"富煤、缺油、少气"。全国煤炭探明储量约为 1.3 万亿 t，占化石能源储量的 96%。2022 年，煤炭在一次能源消费结构中的占比为 56.2%。为推动能源供给革命，清洁利用煤炭，将煤炭集中用于发电无疑是最合理的选择。煤电是煤炭清洁高效利用的主要领域，也是我国装机最大的电源种类，在能源安全中发挥着不可替代的保障作用。

考虑水电核电增量规模受到客观条件约束、气电发展制约较多以及新能源出力不确定等因素，保障电力供应仍需发挥煤电的电力平衡作用。 水能开发还有较大潜力，但主要集中在西南地区，受地理条件和生态环保因素制约，后续开发还有较大不确定性。核电中长期看还主要布局在沿海地区，大规模建设有较大的政策不确定性。新能源资源开发潜力很大，但出力"靠天吃饭"，在负荷高峰时段，新能源有可能低出力，电力供应缺口需要依靠其他电源调整出力，以弥补电力不足。天然气价格高、发电成本高、气源保障度低，且未完全掌握气电核心技术，"以气定电"制约了气电发展规模。因此，要继续夯实煤电作为保障电力安全供应的基石地位，确保电力安全、可靠和持续供应。

（2）我国现有的煤电机组对电网安全稳定运行起到重要支撑作用。

新能源机组不具备常规电源的转动惯量特性，随着新能源出力占比不断增加，系统电力电子化程度加深，电网转动惯量和等效规模不断减小，大规模新能源快速发展增加电网安全稳定运行风险，国外最近几次大停电事故多与新能源大量接入有关。煤电主要运转部件为同步发电机，可为系统提供较大旋转惯量且调节能力强，是维持系统频率稳定的重要手段，保持一定规模有利于电网安全稳定运行。

（3）能源清洁低碳转型在相当长时期内还需要充分发挥煤电的调节补偿作用。

风电、太阳能发电出力间歇性大且可控性差，大量接入导致常规机组被大量替代，未来电网动态调节能力严重不足，电网频率调节能力下降，电压崩溃风险加大。由于核电基本不参与调峰，煤电技术成熟、成本低廉、电压频率支撑能力强，是调节补偿资源的优先选项。

4.4.2　我国煤电规模及布局

综合考虑我国能源资源条件、供需格局、开发进度、建设周期等各个方面，预计 2025 年全国煤电装机容量约为 13.0 亿 kW，煤电装机增速总体持平。 截至 2022 年底，我国煤电装机总容量达 11.2 亿 kW，"十四五"后三年，我国煤电装机容量还需增加 1.8 亿 kW，整个"十四五"期间年均增速约为 3.7%，增速与"十三五"年均增速持平。

"十四五"煤电装机主要布局在华北地区❶、华东地区和西北地区，三个地区的比重占 57.9% 左右。 其中，华北地区受区域内负荷增速较快、调峰需求增加等因素影响，预计 2025 年煤电装机规模将达到 2.7 亿 kW，装机规模最高；华东地区由于新能源占比较高，对备用电源的要求较高，预计煤电装机规模将达到约

---

❶ 本专题中，华北地区包括北京、天津、河北、山西、山东，东北地区包括黑龙江、吉林、辽宁、蒙东等地区。

2.5 亿 kW；西北地区外送规模较大，预计煤电装机将达到约 2.4 亿 kW；华中地区是电力流主要受端之一，煤电装机需求较低，预计达到 1.6 亿 kW；东北地区预计约为 1.0 亿 kW；西南地区预计约为 0.3 亿 kW；南网预计约为 1.4 亿 kW；蒙西预计约为 1.1 亿 kW。

"十五五"末，全国煤电装机约为 14.0 亿 kW，西北地区和华东地区是新增煤电装机最多的地区。西北地区新增煤电 0.2 亿 kW，占全国新增煤电装机的 20.0%；华东地区新增煤电 0.3 亿 kW，占全国新增煤电装机的 24.7%。预计 2030 年底，累计装机容量最多的地区为华北地区和华东地区，均为 2.8 亿 kW 左右，占全国煤电总装机的 20%。"十四五"和"十五五"全国及分区域煤电布局预测如表 4 - 11 所示。

表 4 - 11 全国及分区域煤电布局预测 亿 kW

省区	2015 年	2021 年	2025 年	2030 年
全国	**9.1**	**11.1**	**13.0**	**14.0**
华北	2.0	2.4	2.7	2.8
华东	2.0	2.2	2.5	2.8
华中	1.2	1.4	1.6	1.8
东北	0.8	1.0	1.0	1.1
西北	1.1	1.7	2.4	2.6
西南	0.3	0.3	0.3	0.3
南网	1.2	1.4	1.4	1.4
蒙西	0.6	0.8	1.1	1.3

需要特别注意的是，煤电装机规模仍具有较大不确定性，需要结合实际情况及时开展滚动更新。一方面，随着新能源渗透率持续提高，由于新能源发电固有的间歇性、随机性和波动性，叠加新能源和电力负荷受极端天气影响越加显著，这对电力规划提出了更严格的要求，需要把安全、低碳、经济等多目标平衡的大账、长远账算清楚。另一方面，电力负荷增长、其他常规电源建设进度也存在一定不确定性。因此，煤电装机规模需要根据"双碳"目标要求和电力供需形势变化开展滚动调整。

4.4.3 煤电与新能源协同发展措施建议

(1) 把握好煤电退出规模及节奏，在发电结构调整过程中实现新能源对煤电的平稳替代。

我国煤电装机比重高，整体上面临较大退出压力，减排压力倒逼下可能出现过快退出煤电"急刹车"情况。应综合考虑电力供应保障和系统灵活调节资源需求，协调煤电退出规模、节奏与可再生能源发展，防止煤电大规模过快退出影响电力安全稳定供应。

近中期，煤电的基础支撑和兜底保障作用不可替代，经历"控容控量"阶段；长远来看，2030年后，煤电装机和发电量稳步下降，部分退役机组转为应急备用，煤电整体进入"减容减量"阶段。未来应针对不同时期特点，制定相适应、彼此衔接的政策，保障煤电短期和长期发展的协调性，匹配煤电占比及功能定位的转变。

（2）发挥煤电托底保障作用，做好煤电存量资产优化，提升煤电设备的生态价值。

一是严格控制电煤消费前提下，坚持"合理控制增量、优化煤电存量、动态优化布局"原则。统筹协调各类电源发展规模和建设进度，合理安排煤电投产规模和时序，保障电力供应总体安全；积极发展清洁高效煤电技术，做好存量机组退役和延寿优化工作，加快煤电灵活性改造；结合东中部供需形势变化，在满足当地煤炭消耗总量约束和环保约束的前提下，可考虑在东中部地区延缓退役、适度放开煤电增长规模，提高电力供应经济性和稳定性。

二是利用已有煤电设备处置城乡淤泥、秸秆、垃圾等固体废物和城市工业和生活污水，积极推进燃煤生物质/污泥/垃圾耦合发电，实现燃煤电厂功能由电源设施向新型生态环保设施转变。

三是加快突破碳捕集利用和封存（CCUS）技术，随着CCUS技术经济性的不断提升，逐步实现规模化应用，通过煤电机组加装CCUS，为系统保留转动惯量，同时捕捉二氧化碳实现净零排放，发挥煤电托底保供的作用。

（3）推动煤电与新能源耦合发展。

实现煤电与新能源配比组合优化，在新能源资源富集的西部和北部等地区，尤其是沙漠、戈壁和荒漠地区，开展煤电与新能源协同规划、风光火储一体化开发等，推动煤电与风光水储等多类型发电资源合理配置，充分发挥煤电调峰能力，促进新能源多发满发。

（4）完善电力市场机制。

一是加快全国统一电力市场建设。建设全国统一电力市场是我国资源大范围优化配置的内在要求，是促进新能源发展和高效利用的重要保障，要加强全国统一电力市场顶层设计，做好省间、省内市场统筹衔接。

二是建立并完善电力辅助服务市场，进一步扩大电力辅助服务参与主体范围和补偿力度，推动调频、备用等辅助服务市场品种建设。推动辅助服务补偿机制向市场竞争机制转型升级，逐步在全国范围基本建立电力辅助服务市场机制。

三是探索建立容量成本回收机制。可再生能源占比增加将造成发电容量充裕性降低，需要通过市场手段激励新建支撑性电源。建议我国从容量补偿起步，逐步过渡到容量市场，通过市场和监管相结合的电源投资激励机制，有序引导发电投资，促进包括煤电在内的各种调节性电源可持续运营。

5

新能源发电并网创新实践案例

为了更好地服务新能源发展需求，国家电网有限公司及相关省公司在构建新能源云平台、高比例新能源电网规划运行与控制、新能源虚拟同步机示范工程建设、支撑地方新型储能发展实践等方面做了大量探索与实践，本章对四个案例进行详细介绍。

5.1 新能源云助力实现"双碳"目标

5.1.1 实施情况

新能源云立足国家能源转型和新能源行业高质量发展，助力新型电力系统构建，推动新型能源体系规划建设，积极服务碳达峰碳中和，以服务党和国家工作大局、服务建设具有中国特色国际领先的能源互联网企业战略为建设原则，凝聚各方共识和需求，突出服务国家能源安全、服务能源转型、服务绿色发展与碳中和、服务构建新型电力系统、服务新型能源体系规划建设、服务广大用户等建设目的，建立"横向协同、纵向贯通"和"全环节、全贯通、全覆盖、全生态、全场景"的新能源开放服务体系。

落实《电网公平开放监管办法》要求，将电源项目在线接网服务由新能源升级拓展为包含新型储能、风电、光伏、水电、火电、核电等全口径电源，实现接网业务全部公开透明线上办理，还可在线实时查询项目接网业务流程进度，提升服务质效，累计为 10 758 个项目提供线上接网服务，总容量为 7.9 亿 kW，新冠肺炎疫情期间"不见面"办理业务，避免了疫情对新能源行业的严重影响；实现新能源消纳云端协同高效计算，经能源主管部门审定后可将各省区消纳空间向社会公布，引导新能源开发科学布局；全面支撑可再生能源补贴项目在线申报、审核、变更、公示、公布等一站式服务，公开透明、便捷高效办理申报审核业务，加快补贴确权，增强投资者信心，累计公布 37 批可再生能源补贴项目 4.4 万个，核准备案规模为 2.14 亿 kW；初步构建了和谐共赢的新能源生态圈，接入新能源场站超 410 万座、装机 6.7 亿 kW，注册用户超 33 万个，服务各类企业 1.4 万余家；服务国家能源监管，上线基于新能源云的华北区域能源监管平台，支撑华北能源监管局线上开展新能源规划计划、开发建设、并网管理、运行管理等业务监管，提升能源监管质效，服务新能源高质量发展；提供运行监测和信息资讯服务，可以监测新能源发展与消纳、保障性收购、消纳责任权重、场站出力等信息，归集最新的新能源技术动态，以及 1995 年以来的新能源相关法规政策，总计 16 000 余条新能源相关法规政策和技术资讯，成为全球最大的新能源运行监测平台。

积极开展新能源云碳中和支撑服务试点。2021 年 8 月，开发上线基于新能源云的浙江省工业碳平台，接入浙江省 49 344 家规上工业企业，服务政府碳管理和企业节能降碳，为企业累计争取绿色金融贷款超 650 亿元。建成新能源云浙江湖州碳中和支撑服务平台，实现碳监测、碳账户、碳画像、碳普惠、碳金融、碳生态、碳实测等功能，打造空天地一体碳计量体系，融合"以能算碳""以电折碳""实时测碳"和"卫星看碳"，精准、动态、全面测碳；构建工业碳效智能对标体系，通过工业碳效码"一码三标识"为企业碳效水平精准画像，服务政府、企业分类分层分策进行碳管理；搭建碳普惠移动应用平台"碳达人·惠湖州"，构建"行为识别-自动采集-科学核算"全链条方法学体系，整合低碳行为数据汇聚形成绿色生活"数据库"，形成"累计-兑换-消费"的碳普惠经济模式；实施"碳效＋能效"、绿色工厂、绿电交易等服务，首创基于分布式光伏和户用光伏参与交易的区域碳普惠机制，引导能源、工业、农业等重点领域低碳转型，形成服务省市县级政府、各类企业和个人的双碳平台建设典范。正组织开展新能源云服务山东、天津、重庆、宁夏、安徽、北京、新疆等省区碳中和试点建设。

5.1.2　创新总结

新能源云顺应能源革命与数字革命相融并进的趋势，充分考虑我国资源禀赋特点、电网枢纽平台作用、负荷分布特性，将新一代信息技术与新能源、新型电力系统、新型能源体系、碳达峰碳中和等生态圈的业务深度融合，聚集全数据要素，提高整体资源配置效率，建设具有中国特色国际领先的新型能源数字经济平台，服务制造强国、质量强国、网络强国、数字中国等国家战略。

新能源云以用户需求为导向,按照系统思维方法和 PDCA 全面质量管理理念,充分考虑了实用性、经济性和用户应用的便捷性,在充分调研的基础上研究设计了环境承载、资源分布、规划计划、厂商用户、电源企业、电网服务、用电客户、电价补贴、供需预测、储能服务、消纳计算、技术咨询、法规政策、辅助决策、碳中和支撑服务 15 个功能子平台,涵盖源 - 网 - 荷 - 储各环节和上下游全产业链,搭建聚合政府、行业智库、设备厂商、发电企业、电网企业、用能企业、科研院所、金融机构、交易机构、广大用户的新能源生态圈,形成"共创、共建、共享"价值创造体系。新能源云体系架构如图 5 - 1 所示。

(设计:国家电网有限公司)

图 5 - 1 新能源云体系架构图

5.1.3 实施效果

2021 年 4 月 20 日,新能源云正式发布上线,实现国家电网有限公司经营区域全部 27 家省公司的全面部署应用。2022 年 7 月,国家电网有限公司受邀参加(第四届)全球工业互联网大会暨工业行业数字化转型年会("全球工业互联网大会"),发布了《新能源云服务绿色发展与碳达峰碳中和》案例,荣获"2022 年(第四届)全球工业互联网大会工业互联网融合创新应用典型案例"。2022 年 11 月,新能源云入选第五届中国国际进口博览会"零碳中国"十大创新技术;新能源云服务绿色发展与碳达峰碳中和实践有关成果亮相第 27 届联合国气候变化大会。2022 年 12 月,"新能源云服务碳达峰碳中和典型实践"获国资委大连高级经理学院"2022 年度碳达峰碳中和行动典型案例";基于新能源云的浙江减碳实践案例,获 2022 年"保尔森可持续发展奖"绿色创新年度大奖。

新能源云具有非常好的应用前景和商业价值。下一步将紧紧围绕碳达峰碳中和，加强与产业链上下游协同合作，加快推进新能源云建设与应用，重点打造新能源资源优化配置、碳中和支撑服务、新能源工业互联网、新型电力系统科技创新四大应用服务平台，对接服务绿电交易和绿色金融，全面提升新能源业务的数字化和云管理水平。新能源云子平台构成及应用服务如图 5-2 所示。

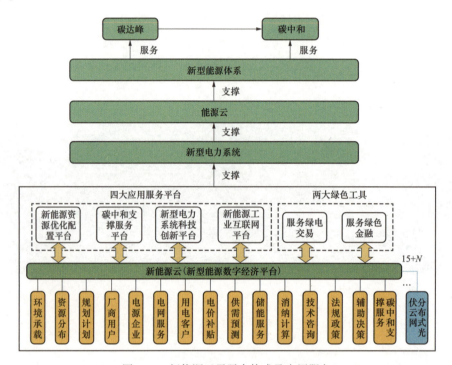

图 5-2　新能源云子平台构成及应用服务

一是建设新能源资源优化配置平台。支撑能源电力供需平衡分析，跟踪常规电源、新能源、主要输电通道、大型用能负荷、大规模储能等项目建设进度，服务能源全产业链高质量发展，推动全产业链优化升级，提升整体资源配置能力和效率，促进"源网荷储"协调互动，保障高比例新能源接入和送出。

二是建设碳中和支撑服务平台。连接能源全产业链的数据和信息，开发碳足迹与碳汇等功能，开展分区域、分行业的碳排放分析，支持开展碳资产管理、碳交易、绿色金融等新业务，服务国家碳市场建设运营。

三是建设新能源工业互联网平台。携手新能源发电企业、设备厂商、运维企业等共同打造新能源工业互联网平台，实现"设备—厂商—电站—业主"之间的互联互通，助力新能源场站实现智能化管理，服务智能制造、智能运维。

四是建设新型电力系统科技创新平台。向高校智库、行业协会、研究机构共享科技资源，提供数字实验平台，策划重大科研项目，针对构建新型电力系统面临的挑战，共同开展关键技术的集中攻关、试验示范和推广应用。

服务绿电交易，融合贯通发展、调度、交易相关数据，通过发电量、上网电量、出力等数据，以及优先发电计划、绿证交易等，服务支撑绿电交易。服务绿色金融，贯通金融综合服务平台等数据，基于工业碳效码、电价补贴确权、碳交易、碳惠贷等，服务于绿色金融。

总体计划力争于2025年基本建成具有中国特色国际领先的新型能源数字经济平台，助力构建新型电力系统，支撑现代能源体系规划建设，服务国家能源绿色发展，服务"制造强国、质量强国、网络强国、数字中国"，服务碳排放国际承诺目标，助推国家能源清洁转型和新能源装备制造业高质量发展。

5.2 安徽金寨高比例新能源电网规划与运行控制实践

5.2.1 实施情况

（一）项目背景与基本情况

当前，能源发展正处于深刻变革和重大调整的关键时期。随着新能源的大规模发展及接入，其间歇性和波动性降低了系统的安全性和稳定性；同时，随着新能源渗透率的不断提升，用电负荷与新能源出力的不相匹配将深度影响其消纳水平。以安徽金寨地区为例，重点介绍高比例新能源地区电网规划及运行控制关键技术的项目实践情况。

金寨县煤炭、石油、天然气等常规能源储量较少，但水能、风能、太阳能和生物质能等非化石能源资源丰富，可因地制宜大力发展非化石能源，促进能源结构调整。截至2022年底，各类电源装机和发电量如表5-1所示，金寨县目前可再生能源装机占比为100%。此外，2022年金寨地区最大负荷仅为38.6万kW，而新能源装机规模远超过负荷，新能源上送压力大，在汛期新能源大发时段，主变压器上送重载，金寨分布式电源占比较高，调度运行不便，给电网安全稳定运行带来极大考验。

表5-1　　　　　　　　2022年金寨地区各类电源装机和发电量

类型	风电	太阳能发电	水电	生物质发电	合计
装机容量（万kW）	11.4	135.5	144.5	4.2	295.6
发电量（亿kW·h）	2.3	16.8	6.6	0.7	26.4

（二）高比例新能源地区电网规划实施情况

1. 规划思路

依据《国家能源局关于支持安徽金寨县创建国家高比例可再生能源示范县的复函》规划，金寨县各类电源接网规模将达到 5700MW，而金寨原有电网十分薄弱，新能源发展规模和速度在内陆省份尚无先例；新能源接入等级涵盖 400V～500kV，电源送出与地方供电问题交织，开展了相关规划研究工作，在满足金寨县风光等新能源可靠送出基础上确保县域及六安市各级电网安全稳定运行。可再生能源高渗透率区域的网源协调规划示意图如图 5-3 所示。

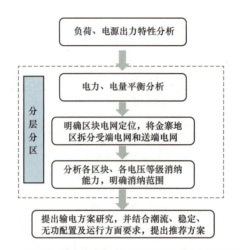

图 5-3　可再生能源高渗透率区域的网源协调规划示意图

首先，收集地区电网资料、境内及周边地区已投产可再生能源机组出力实测数据。开展文献调研，了解国内外相关研究进展和成果。通过概率统计、曲线拟合等手段，获取金寨县负荷特性与可再生能源发电出力特性。

其次，开展分区电力平衡分析，并结合地区电网特征划分为多个小区域，评估各区域、各电压等级消纳能力。金寨可再生能源接入电压等级涵盖 400V～500kV 电网，通过平衡分析明确可再生能源整体消纳范围。

最后，明确金寨县域电网构建思路研究，分析原规划各级电网消纳能力，提出输电方案研究，并结合潮流、稳定、无功配置等，提出推荐方案。

2. 规划方案

通过相关分析，规划在安徽金寨地区建成 500kV 变电站，并配套建设若干 220kV、110kV 汇流站，满足地区新能源消纳需求。目前 500kV 变电站已投产，地区新能源接纳能力得到极大提升，截至 2022 年底，全市并网新能源规模达到 251 万 kW，居全省前六位。

（三）高比例新能源地区电网运行控制实施情况

目前，安徽金寨县已建成风电、光伏、生物质等多种可再生能源，能源发展呈现多种类、多容量、高密度、大规模、区域分散的特点，进而引起能源并网接入困难、安全管控手段单一、传统接入方式难以为继等问题。为应对上述挑战，当地电网企业开展了新能源发电集群群控群调运行控制技术研究，并开发建设相应的运行控制系统，促进绿色电力生产利用，推动农村经济的发展和居民生活水平的提高。

1. 总体建设方案

金寨县供电公司按照需求导向、总体规划、分层实施、技术先进的原则，以保障新能源消纳为前提，规划阶段引入分布式电源集群规划与电网规划协调联合的分层规划方法，建设阶段从先进设备研制、调控系统研发、运营管理云平台建设等方面着手，探索出实现分布式电源大规模有序接入相协调、群控群调系统和运营管控平台相衔接的示范建设方案。示范应用总体建设方案如图 5-4 所示。

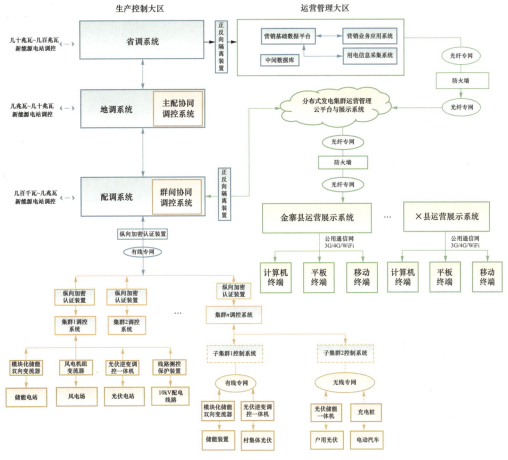

图 5-4 示范应用总体建设方案

2. 发电集群先进规划设计方案

该工程以集群划分、集群规划为基础,按照电气距离联系且相近、净负荷互补、无功优先就地平衡的原则,自上而下、由大到小划分出三层集群,分别为35kV 层级集群、10kV 馈线层级集群、10kV 配电变压器层级集群。金寨县域集群划分情况如图 5-5 所示。

3. 分布式电源灵活并网系统

根据该地区电源、电网及负荷的情况,金寨县供电公司按照因地制宜、安全可靠、集成优化、统筹布局的原则,合理布置并网逆变调控一体机、虚拟同步发电机等先进并网设备。有效提升了低压用户侧发电效益,实现配电台区电能质量的有效治理与智能监控,提升了集中型光伏电站有功/无功调整能力。

4. 群控群调系统

该工程采用自治-协同的分布式发电分层分级群控群调方法,建立了分布式电源集群动态自治控制、区域集群间互补协同调控、输配两级电网协调优化三层级群控群调系统,有效解决了由大规模分布式发电并网带来的控制对象复杂和多级协调困难的问题,从而帮助电网更加友好地接纳可再生能源、提升地区消纳能力。群控群调系统架构如图 5-6 所示。

5. 分布式发电集群运营管理平台

该工程建设分布式发电集群运营管理云平台,主要作用是为政府、电网公司、发电企业和用户提供透明、开放、友好、准确、兼容的服务系统。该管理平台既可以支撑电网企业管理,实现对大量新能源发电的高效和一体化管理,又可以满足各类用户的多元化诉求,实现电网与用户的友好互动,平台总体架构如图5-7 所示。

5.2.2 创新总结

经分析总结,项目在促进可再生能源并网发展与消纳方面工程的创新点主要有:

(1) 优化协同规划,保障新能源有序接入。

相关规划大幅提升了金寨地区新能源消纳能力,助力百分百非化石能源示范县的建设。基于分布式电源和用电负荷特有的时空特性、源荷储互补特性,构建分布式光伏与储能协同的优化规划模型,并开发集群规划设计软件,首次填补国内外集群规划设计工具缺失的空白。

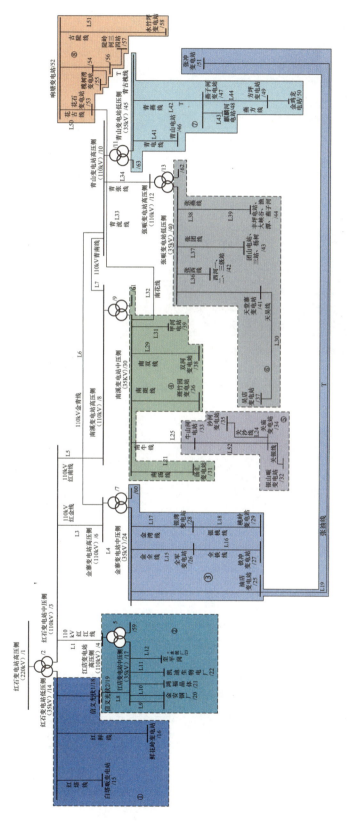

图 5 - 5 金寨县域集群划分情况

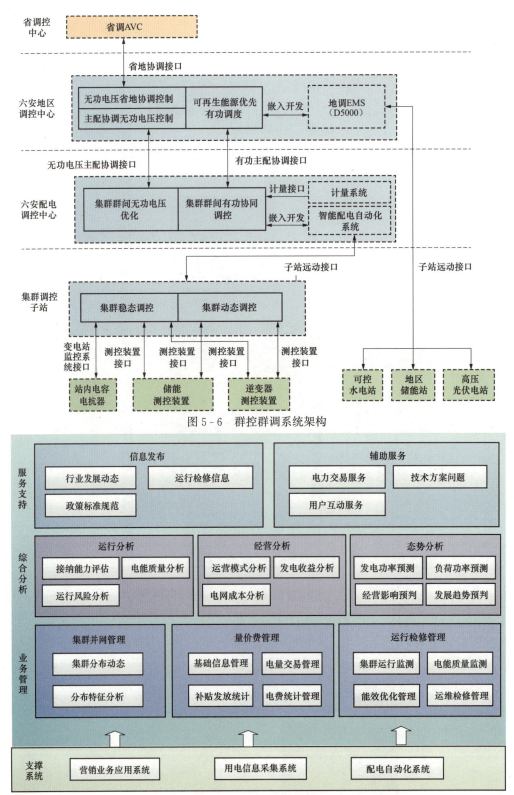

图 5-6　群控群调系统架构

图 5-7　平台总体构架图

（2）构建群控群调系统，实现网源协同。

针对金寨县大规模新能源接入的复杂性和多级协调的困难性，开发群内自治、群间协同、输配协调的三层群控群调控制系统，提升了新能源发电消纳能力，降低了脱网风险。

5.2.3 实施效果

该项目适应了国家能源转型发展战略，以技术创新为引领，创建集群规划方法和模型，研发关键设备与系统，首创群控群调系统、开发主动运营平台，有效突破大规模分布式电源消纳的技术难题，实现了可再生能源的友好协调和全额消纳，形成的关键技术及管理方法具备推广应用的价值。项目实现了新能源发电的全额就地消纳，提高了区域电能质量，降低了低压线损。此外，县域范围新能源发电量提升了31%，用户侧光伏发电量提升了14%。

项目已开发完成群控群调系统一套，涵盖系统功能流程和系统运行监控两大功能，实现对集群的状态监测与运行管控。系统功能界面如图5-8所示。

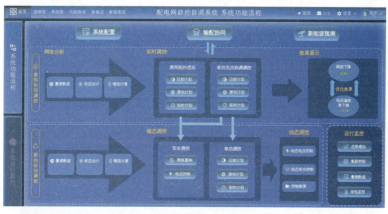

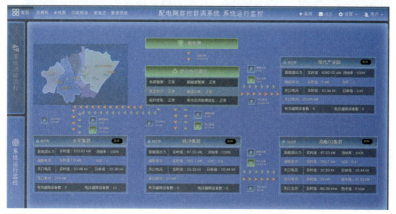

图5-8 系统功能界面

系统功能流程涵盖**群间协同调控**和**群内自治调控**两项功能。群间协调调控可实现网络分析、实时调控、效果展示；群内自治调控可实现网络分析、稳态调控、动态调控。

系统运行监控涵盖**状态信息**和**指定信息**两项功能。状态信息展示系统各部分能源出力情况、储能状态、群间调控运行状态等；指令信息展示各集群关口有功/电压目标、储能目标等。

5.3 新能源虚拟同步机技术前瞻与冀北示范工程

5.3.1 实施情况

（一）项目背景与基本情况

"构建新能源发电占比逐渐提高的新型电力系统"的提出，明确了新能源发电在实现"双碳"目标过程中的重要地位，高比例新能源将成为未来电力系统的发展趋势。但随着常规同步机占比不断降低，新能源大规模接入后的电网安全稳定运行问题凸显。主要体现在以下三个方面：

1. 电网调节能力不断下降

常规新能源机组无法主动参与电网频率与电压调节，导致电网频率调节能力持续下降、系统动态无功支撑能力不足、电压崩溃风险加大。2015 年"9·19"锦苏直流闭锁事件与 2019 年英国"8·9"大停电事故，均反映出系统调频能力不足带来的系统安全运行风险。

2. 电网抗扰动能力持续下降

新能源机组通过电力电子变流器接入电网，其大规模接入将导致电力系统电力电子化特性凸显，电力系统中的旋转备用容量及转动惯量相对减少，抗扰动能力持续恶化。

3. 电力系统稳定形态更加复杂

随着电力系统电力电子化程度日益提高，稳定性形态和尺度日益复杂；新型电力系统的稳定性定义与分类也随之发生新的变化。

由此可见，提高新能源发电设备的主动支撑电网能力，改善新能源机组运行特性，探究大规模新能源接入的新型并网稳定问题，对构建高比例新能源电力系统具有重要意义。

虚拟同步发电机技术作为新能源机组的一种新型控制技术，它改变了常规新能源机组以电流源接口特性接入电网的特点，更适用于以电压源型电源为主的电力系统，在提高新能源机组并网友好性的同时提高了新能源电力系统的调节能力与稳定性，对促进新能源大规模应用具有重要意义。

近年来虚拟同步发电机技术受到国内外的广泛关注，1997 年，IEEE Task Force 工作组首次提出了静止同步机（static synchronous generator，SSG）的概念，这为虚拟同步发电机技术的研究打下了基础。国外学者对虚拟同步发电机技术做了大量的科研和探索工作。其中，较为典型的是德国劳斯克塔尔工业大学的 Beck 教授和英国谢菲尔德大学的钟庆昌教授。2007 年，Beck 教授率先提出虚拟同步发电机（VISMA）概念，通过模拟同步发电机数学模型，虚拟了同步发电机的转动惯量与阻尼特性。2009 年，钟庆昌教授提出"Synchronverter"概念，通过模拟同步发电机的二阶模型，较为全面的模拟了同步发电机的电磁特性、转子惯性、调频和调压特性。

为更好服务新能源发展、探索适应中国国情的新能源发电主动支撑电网技术，2013 年中国电力科学研究院开发完成基于虚拟同步控制的 50kW 虚拟同步发电机。2014 年，南瑞集团、许继集团开发完成 500kW 光伏虚拟同步发电机并实现工程应用。2016 年，国家电网有限公司启动应用于大电网的虚拟同步发电机示范工程建设。

（二）新能源虚拟同步机技术实施情况

上述背景下，国网冀北电力有限公司协同中国电科院、许继集团、南瑞集团等单位全面开展关键技术攻关和装备研制，依托国家风光储输示范电站，于 2017 年 12 月建成了世界首个百兆瓦级多类型虚拟同步发电机工程。

新能源虚拟同步发电机示范项目提出多类型机组集成和机群协同控制方法，通过采用 2MW 风电、500kW 光伏和 5MW×20min 电站式储能三大类虚拟同步发电机系列成套装备，建成风电虚拟同步发电机 118MW、光伏虚拟同步发电机 12MW、电站式虚拟同步发电机 10MW。示范工程建设规模如表 5-2 所示。

表 5-2 示范工程建设规模

类别	单机容量	台数	总容量	占比
光伏	500kW	24 台	12MW	约占光伏装机容量的 12%
风电	2MW	一期：24 台 二期：35 台	一期：48MW 二期：70MW	约占风电装机容量的 27%
电站式	5MW	2 套	10MW	—

5.3.2 创新总结

国网冀北电力有限公司大力开展新能源虚拟同步发电机技术前瞻性研究与虚

拟同步发电机工程示范，在理论基础、关键技术、装备研制、试验检测与指标体系等方面取得创新突破。

（一）构建完善了虚拟同步发电机应用理论

新能源虚拟同步发电机主要有电流源型与电压源型两种技术路线。针对目前技术推广度较高的电流源型虚拟同步发电机，建立了其多层次特征分析模型，阐明了其暂态电压支撑弱、无自同步运行能力的问题本质；针对电流源型存在的问题，提出了电压源型虚拟同步发电机控制技术，使新能源机组具备同步电压源的机电摇摆特性与频率/电压自主调节能力，更适用于局部高比例新能源电网及弱电网环境，为高比例新能源的并网和组网奠定了理论基础。

（二）突破了主动调频/暂态调压/阻尼提升等关键技术

提出了虚拟同步发电机惯量支撑与频率调节技术、暂态电压支撑与故障穿越技术、离并网切换及阻尼控制技术，系统性地解决了新能源主动调频、暂态电压支撑与宽频带振荡抑制的难题，实现了风（光）功率/惯量动能/附加储能等多调频资源的协调控制、短路故障下机组的过流抑制与无功功率快速支撑以及新能源机组阻抗主动重塑。短路故障下电流不平衡度明显降低如图5-9所示，虚拟同步发电机振荡抑制效果如图5-10所示。

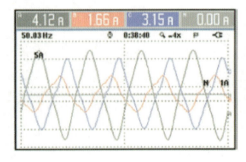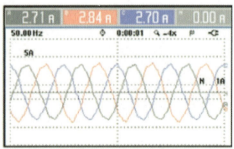

图5-9 短路故障下电流不平衡度明显降低

（三）研制了虚拟同步发电机成套设备并示范应用

自主研制了2MW风电、500kW光伏和5MW×20min储能虚拟同步发电机，支撑幅度可达10%装置容量，装备容量与性能指标达到国际领先水平。风电方面，突破了机组载荷约束和调频性能难以兼顾的难题，成功研制基于转子动能释放和变桨距减载控制的风电虚拟同步发电机，一次调频响应时间小于5s；光伏方面，提出了综合考虑光伏减载裕度和储能可用容量的光储协同调频控制技术，成功研制基于锂电池和超级电容的两类光伏虚拟同步发电机，一次调频响应时间小于1s；储能方面，解决了多个大功率电压源并联集成的难题，储能虚拟同步发电机一次调频响应时间小于100ms。风电虚拟同步发电机拓扑如图5-11所示，储能虚拟同步发电机拓扑如图 5-12 所示。

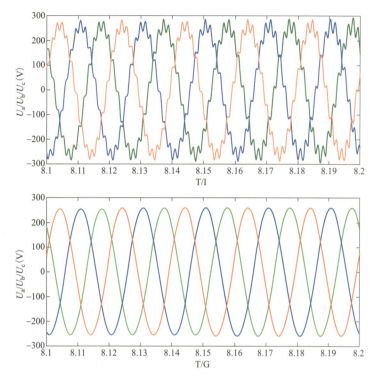

图 5-10 虚拟同步发电机振荡抑制效果

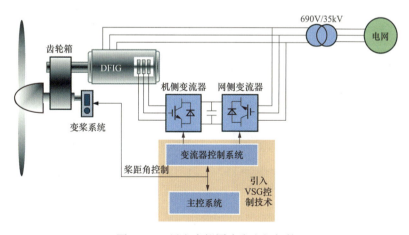

图 5-11 风电虚拟同步发电机拓扑

（四）构建了虚拟同步发电机试验检测体系

形成了"控制器-单机-电站"多维互补的试验检测能力。构建了虚拟同步发电机控制器半实物仿真平台，累计开展 4 大类共 45 个策略优化，实现了全工况控制性能评估与提升；提出了单机现场试验方法，设计 80 余种试验工况，累计完成 400 余次现场试验，实现了实际工况下虚拟同步发电机的性能验证；构建了基于孤网运行环境的实证系统，首次验证了高比例新能源场景中虚拟同步发电机的应用效果。虚拟同步发电机试验检测体系如图 5-13 所示。

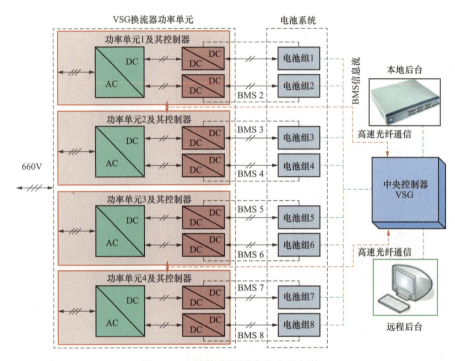

图 5-12　储能虚拟同步发电机拓扑

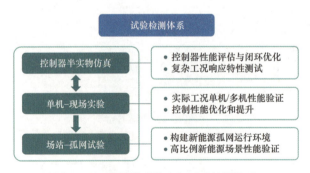

图 5-13　虚拟同步发电机试验检测体系

（五）建立了虚拟同步发电机性能评估方案与指标体系

通过深入的技术研究与长期运行监测，阐明了电网对新能源主动支撑的功能需求，提出了虚拟同步发电机关键技术参数的整定方法，建立了新能源主动支撑性能评估方案与技术指标体系，牵头发起 IEC 国际标准 1 项，形成了首个虚拟同步发电机国家标准与 3 项国家电网有限公司企业标准。

5.3.3　实施效果

项目围绕运行情况、主动支撑效果等方面，对项目实施以来取得的成效等情况进行具体分析说明。

（一）设备运行情况

冀北公司于 2018 年 6—10 月对已改造风电机组、光伏虚拟同步发电机运行情况进行了全面监测。监测共涉及 2 条风电机组馈线、2 条光伏馈线；使用不同采样率记录了馈线电压、电流、频率，风速、发电机转速、功率、桨距角等 10 余项电气与设备运行参数。从设备运行小时数、发电量、可靠性、发电性能四个方面对监测数据进行了不同改造设备、改造与未改造设备之间的横向与纵向对比分析。

相较于未改造机组，光伏虚拟同步发电机发电量略有增加；对比不同储能类型配置，超级电容相较于磷酸铁锂具有易于维护、故障率低的优势，配置超级电容的光伏虚拟同步发电机在运行小时数、发电量、可靠性、发电性能四个方面均表现更为突出，但其调频支撑持续性略逊于配置磷酸铁锂的光伏虚拟同步发电机。

风电虚拟同步发电机在运行小时数、发电量、可靠性三个方面均优于未改造机组。

（二）主动支撑效果

示范工程的主动支撑效果体现在以下三个方面：

一是开展了虚拟同步发电机单机主动支撑性能测试。针对风电、光伏、储能虚拟同步发电机，开展了单机惯性调频、惯性＋一次调频等主动支撑性能测试。测试结果表明，风/光/储虚拟同步发电机响应性能指标均符合标准要求，调频动态性能优于常规同步机组。

二是开展了高比例新能源电网环境下的主动支撑性能实测。通过在测试平台中接入 500kW 柴油发电机，将传统旋转电源引入新能源电站，构建了光伏（500kW）、风电机组（2MW）占比超 80％的低转动惯量兆瓦级测试电网。借助电站原有电锅炉投切，模拟了约 15％有功负荷波动，对光伏虚拟同步发电机频率支撑效果进行了试验。

光伏虚拟同步发电机功能的投入，为电网引入了 50kW [10％P_n（额定功率）] 主动调频能量，在有功负荷突增时电网频率变化率由 3.59Hz/s 下降至 2.60Hz/s，频率偏差值由 1.97Hz 下降至 1.18Hz；在有功负荷突减时电网频率变化率由 3.42Hz/s 下降至 2.59Hz/s，频率偏差值由 1.5Hz 下降至 0.78Hz。在一定程度上证实了虚拟同步发电机可有效降低新能源高占比电网频率波动幅度与变化率，支撑电网稳定运行。

三是开展了基于历史事件模拟的虚拟同步发电机主动支撑性能分析。以英国2019年8·9大停电事故为原型，由储能变流器模拟了事故中频率波动曲线，对光伏虚拟同步发电机在典型电网故障下频率支撑情况进行了测试。电网频率由50Hz下降至49.1Hz时，两台光伏虚拟同步发电机分别增发44kW与45kW，并在频率恢复期间根据频率变化情况不断调整出力，快速响应了电网调频需求。英国8·9大停电事故模拟如图5-14所示。

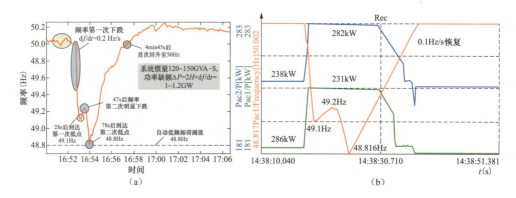

图 5-14　英国 8·9 大停电事故模拟
（a）英国停电事故频率波动曲线；（b）故障频率模拟及支撑曲线

5.4　山东新型储能发展实践

5.4.1　实施情况

（一）发展背景与基本情况

截至2022年底，风光发电累计并网装机容量达到6572万kW，已成为山东省第二大电源，占全部电源装机容量的34.7%。其中，风电并网装机容量为2302万kW，居全国第五位；光伏并网装机容量为4270万kW，居全国第一位。2022年山东省风光发电量合计约872亿kW·h，占总发电量的13.7%，"大装机、小电量"特点较为突出。2022年山东省风光利用率为98.2%。

山东省调峰资源建设进度远不及新能源发展速度。在煤电方面，完成灵活性改造的煤电规模仅占全省直调煤电容量的26%，而辽宁、陕西等省已完成全部煤电机组灵活性改造，江苏完成比例超过80%。在抽水蓄能方面，由于电站选址困难、建设周期较长（一般为6~8年），2023年文登抽水蓄能电站6台机组全部投运后，"十四五"期间省内再无新投运机组，到 2025 年，全省抽水蓄能装机维持 400 万 kW，仅占同期全网最大用电负荷的 3.2%。在新型储能方面，受电池价格、政策变动等因素影响，新型储能业主建设积极性受挫，2022 年示范项目投运不及预期，部分业主直接取消新型储能电站建设。在分布式光伏方面，山东分布式光伏占光伏装机规模的比重高达 72%，分布式光伏不配置储能，基本不参与电力系统调节，山东调峰资源日益紧张。"十四五"后期山东风光仍将保持快速增长的态势，预计 2025 年并网容量达到 9300 万 kW。

（二）山东新型储能发展规划实施情况

1. 新型储能需求测算分析思路

根据《山东省电力发展"十四五"规划》明确的电源、抽水蓄能、负荷等条件，开展满足高峰负荷电力供应以及新能源利用率要求的储能配置规模测算分析。为精确预测新能源消纳能力，采用 8760h 全时序生产模拟方法，以年为研究周期，以促进新能源消纳利用为目标，考虑电力电量平衡、调峰平衡、常规电源机组出力、储能充放电、需求响应及联络线支援等系统运行约束，模拟不同条件下的系统运行情况。新能源生产模拟逻辑分析框架如图 5-15 所示。

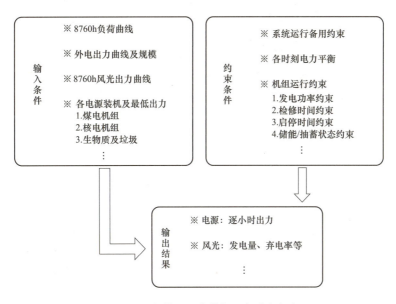

图 5-15　新能源生产模拟逻辑分析框架

新能源消纳能力测算的主要边界条件包括负荷水平、煤电机组调峰能力、抽水蓄能规模、负荷侧需求响应规模、外电规模及曲线等。实时调峰盈亏测算和弃电率分析公式为 8760h 实时调峰盈亏＝实时负荷＋储能（电化学、抽水蓄能等）±需求侧填谷/削峰响应−外电出力−基荷电源出力总和（风电、光伏发电、核电、地方电厂、生物质及垃圾发电、余热余能等）－可调节电源最低出力总和。若这一结果为正，则代表系统调峰能力有盈余，无须弃电，否则这一时刻需要弃电，弃电容量即为计算所得到的缺口容量，在调峰手段用尽的条件下这一缺口容量即为该时段弃风弃光容量，在数值上等于该时段弃风弃光电量。通过 8760h 计算，即可得出全年风光总发电量和总弃电量及弃电率。

某日新能源生产模拟原理示意如图 5-16 所示，中午光伏大发，同时叠加抽水蓄能（充电状态）、风电、核电、火电（出力已压至最低）、外电等的出力曲线在当天绝大多数时刻位于负荷曲线的上方，这意味着这一天绝大多数时刻在所有电源都已达到最低出力的条件下，仍无法满足风电、光伏消纳需求，需要弃电。为保障风光消纳利用率，就需要配置一定规模的储能。

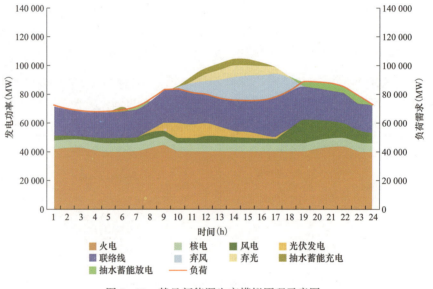

图 5-16　某日新能源生产模拟原理示意图

2. 测算成果落地实施情况

国网山东省电力公司受省能源局委托编制《山东省新型储能工程发展行动方案》，在保障新能源利用率不低于 95％ 的前提下，经测算确定了山东省"十四五"新型储能需求，规划至 2025 年新型储能规模达 500 万 kW 以上，并细化了逐年新型储能发展规模；规划布局新型储能"一带、两城、三区、N 基地"，强化新型储能发展顶层设计，逐步推动新型储能实现由商业化初期向规模化发展的转变，实现新型储能与源网荷等要素深度融合。

促进印发《山东省风电、光伏发电项目并网保障指导意见（试行）》，逐年测算确定年度风电和光伏开发建设规模，依托新能源云打造可再生能源规划项目智慧平台，所有项目均通过平台申报，对已落实建设条件的市场化项目，按照储能容量、规模比例等因素，由高到低通过竞争排序获得并网资格，在规定时间节点依次纳入年度开发建设容量。

5.4.2 创新总结

"十四五"期间，围绕山东省内国家重点示范区域定位，大力推动先进储能技术多元化、多场景应用，实现新型储能由商业化初期向规模化发展转变。到2024年底，山东新型储能规模达到400万kW；2025年，达到500万kW以上，预计减少新能源弃电19.63亿kW·h，技术创新能力显著提高，技术装备水平大幅提升，新型储能与源网荷等各要素深度融合，有力支撑智能灵活调节、安全保障有力、供需实时互动的新型电力系统建设。

依据山东新能源发展规划布局、电网潮流趋势，提出了新型储能"一带、两城、三区、N基地"的规划布局。"一带"即打造"储能＋海上新能源"应用带，到2025年，建设新型储能项目100万kW。"两城"即建设济南、青岛储能示范城市，到2025年，建设新型储能规模达到50万kW。"三区"即构建鲁北基地型、鲁中先进压缩空气、鲁西南多场景应用储能重点区，到2025年，建设新型储能规模分别达270万kW、30万kW、50万kW。"N基地"即培育一批特色鲜明的产业基地，聚焦储能产业链关键环节，立足区域优势，打造各具特色的产业聚集高地。

5.4.3 实施效果

新型储能并网规模全国首位。截至2022年底，山东已并网新型储能规模达到155万kW，位居全国第一位，"十四五"末新型储能规模将达到500万kW左右。推动投运国内首个盐穴压缩空气储能商业电站（泰安肥城1万kW压缩空气储能电站）和国家电网单体最大的电网侧储能电站（莱芜孟家10万kW储能电站）。创新提出了"分布式光伏＋分布式储能＋云储能技术"开发模式，建成德州"云储能"典型示范项目，在分布式光伏接入量大的低压线路接入分布式储能，解决分布式光伏引发的配电变压器、低压线路反向重过载和用户过电压问题。

新型储能并网助力新能源消纳。2023年以来，山东新能源利用率为98.6%，比去年同期提升了近2个百分点，其中风电利用率为98.2%、光伏利用率99.1%。

全国率先建立"储能优先"风光发电市场化项目遴选机制。促成政府印发文件落实新能源项目建设的优先原则，有效解决了新能源项目并网"储能优先原则"落地难的问题。

山东已有 15 市 58 县能源主管部门印发分布式光伏配建储能政策性文件，鼓励引导分布式光伏配建储能，为进一步减轻山东电网调峰压力和促进新能源消纳开拓新的篇章。

推动优化储能发展市场条件。推动政府出台全国首个电力现货市场储能支持政策，山东已有 15 座独立储能电站进入电力现货市场。政策性保障新能源与配建储能联合参与现货市场，充分发挥配建储能在新能源消纳、电力保供等方面的积极作用。

附录 A　NEOS 功能及原理介绍

NEOS（New-energy Evaluation and Optimization System）是国网能源研究院有限公司能源电力规划实验室的核心模块之一，以能源电力发展模拟为核心，面向政府部门和公司总部，整合、完善相关单位能源电力发展方面的信息资源，通过能源电力模拟、电力系统运行生产模拟及技术经济特性、政策模拟等方面的核心模型和应用界面开发，可为电力系统发展仿真模拟和促进新能源消纳工作提供科学量化研究支撑平台，为政府部门制订能源电力发展规划提供决策依据。消纳方面，NEOS 可以支撑实现 8760 新能源消纳分析，分析不同情景下系统弃风、弃光情况，量化分析不同措施对提高新能源消纳能力的贡献度。NEOS 网络版已集成入国家电网有限公司新能源云平台，并作为消纳模块的基础工具。

NEOS 基于混合整数优化模型对电力系统运行状态进行自定义时间分辨率的全时序优化计算，决策变量共计 128 种。模型目标是在满足系统需求的情况下，寻求系统总运行费用最小，考虑的系统费用（即目标函数）为

$$\min Z = F + V + \Phi + Emi + Dem + Cur \tag{A.1}$$

式中　　F——模拟周期内系统固定运行费用；

V——模拟周期内系统变动运行费用、启停费用（主要为燃料费用）；

Φ——模拟周期系统不供电量损失；

Emi——模拟周期系统排放成本；

Dem——模拟周期需求侧响应成本；

Cur——模拟周期三弃成本。

NEOS 共有 12 大类基础约束条件，并可根据实际需求扩展约束条件种类，具体包括：

（1）电力平衡约束：模拟水平年逐日逐时刻逐可再生能源出力情景逐时刻电力平衡。

（2）火电机组连续启停约束：火电机组必须满足最小连续关停/开启时间后才能再次开启/关停。

（3）机组/线路出力上下限约束：机组/线路出力功率必须在上下限约束范围内。

（4）机组/线路爬坡约束：单位时间内机组/线路出力变化率需满足爬坡能力约束。

（5）水电/抽水蓄能水库库容约束：水电/抽水蓄能电站库容必须维持在允许范围内。

（6）需求侧响应约束：需求侧响应可响应规模和时间维持在允许范围内。

（7）线路运行约束：线路运行模式分为定曲线、自有优化、仅可正向、仅可反向四类。

（8）旋转备用约束：可按区域或备用大区进行备用平衡，逐时刻旋转备用必须满足系统备用率要求。

（9）最小/最大利用小时数：保证机组利用小时大于预先给定值，可强制某台机组在某时刻处于开机状态。

（10）强制开机数：保证机组利用小时大于预先给定值，可强制某台机组在某时刻处于开机状态。

（11）排放约束：可设置各地区各类型污染物排放上限。

附录 B 计及分布式电源和储能的配电系统分析方法

B.1 储能选址和控制策略

（一）储能选址

考虑单个变电站供电区域内储能适宜选点不会太多，在实际应用中往往不适合通过优化方法确定储能选址。储能支撑新能源接入的作用主要是防止出现电压越限和电流过载问题，因此在确定储能接入点时可以选择电压稳定薄弱节点。

目前，有多种能够确定电压稳定薄弱节点的方法，其中，局部 L 指标法具有简便、快捷、实用等特点，常被用于评价馈线系统各节点的电压稳定程度。采用局部 L 指标法确定新能源安装后系统的最薄弱节点，将储能接入这些节点，可有效降低新能源对电网电压的影响，提高储能支撑新能源接入的效果。局部 L 指标 L_j 取值范围为 $[0，1]$，L_j 值越接近 1，该节点电压越容易崩溃。

负荷节点 j 的局部 L_j 指标定义为

$$L_j = \left| 1 - \frac{\sum_{i \in a_G} F_{ji} V_i}{V_j} \right| \quad j \in a_L \tag{B.1}$$

式中 L_j——第 j 个负荷节点的局部指标；

F_{ji}——负荷参与因子；

V_i——第 i 个发电机节点的复电压；

a_G——所有发电机的节点集合；

V_j——第 j 个负荷节点的复电压；

a_L——全部负荷的节点集合。

（二）储能控制策略

考虑新能源侧新型储能由新能源业主投资建设，控制策略自主确定，且难以获取电网的运行信息，适合采用固定的储能充放电控制策略，可以考虑在电源出力高峰期间充电、负荷高峰期间放电。

本报告拟采用对全年 8760h 的净负荷数据进行分析，将 8760h（全年 365 天、每天 24h）的电源和负荷数据归到 24h，并形成 24h 的净负荷曲线，根据净负荷曲线确定储能充放电策略。

以某村案例建设安装 102kW 光伏为例，计算得到全年归到 24h 的净负荷曲线，如图 B-1 所示。

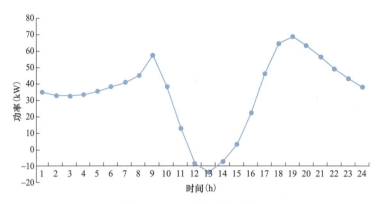

图 B-1　24h 制净负荷曲线

根据上述数据，可以考虑在 11—14 时之间进行储能充电，17—20 时进行放电，减少新能源接入对电网的影响。

B.2　储能支持分布式电源消纳的计算方法

基本思路：确定含分布式电源的配电网参数，进行 8760h 的配电网运行稳态分析，根据每个时间点的稳态分析结果判定是否超过电网接纳能力，超过后根据限电策略确定各个时间点的限电量，得到全年的限电情况。在此基础上，按照不同的配置比例和时长，继续进行 8760h 的配电网运行稳态分析，比较电网稳态运行和限电情况，分析储能支持分布式电源消纳的作用。

第一步，确定含分布式电源的配电网参数：包括技术参数和经济参数两部分。技术参数方面，确定分布式电源装机容量、技术类型、出力特性，确定分布式电源所接入电网的网络结构、线路变压器等网络参数、用户负荷的分布和负荷特性，确定其他有关的技术参数。经济参数方面，考虑多种接入方式下的用户侧和电网侧接网成本、电网设备的价格参数、限电电量的分时电价、各种电网运行策略的实现成本、其他有关的经济参数。

第二步，进行逐时点的潮流计算，确定各个时间点的网络运行状态以及分布式电源出力情况：利用前述数据构建分布式电源接入配电网的计算模型，逐个时间点进行稳态潮流计算，得到该配电网的稳态运行状态。根据计算结果对网络中各个节点的节点电压和线路电流进行校核，判断是否满足 GB 12325—2008 规定的供电电压要求以及线路输送能力。其中，校核约束包括节点电压约束和设备运行约束。

（一）节点电压约束

节点电压 V_i 应满足：

$$V_{i,\min} \leqslant V_i \leqslant V_{i,\max} \tag{B.2}$$

式中 $V_{i,\min}$——允许的节点 i 最小电压；

  $V_{i,\max}$——允许的节点 i 最大电压。

$V_{i,\max}$ 和 $V_{i,\min}$ 按照 GB 12325—2008 规定电力系统在正常运行条件下，用户受电端供电电压的允许偏差：35kV 及以上供电电压正、负偏差绝对值之和不超过标称电压的 10%，实际通常按照标称电压的 $+5\%\sim-5\%$ 进行衡量；20kV 及以下三相供电电压偏差为标称电压的 $+7\%\sim-7\%$；220V 单相供电电压偏差为标称电压的 $+7\%\sim-10\%$。

（二）设备运行约束

设备运行约束主要包括线路容量约束和变压器容量约束，要求电网设备运行电压和电流不能超过运行限制。根据实际情况，通常要求正向负载不能超过额定状况，负向负载率不超过额定的 80%。

线路容量 P_{ij} 应满足

$$-0.8P_{ij,\max}\leqslant P_{ij}\leqslant P_{ij,\max} \tag{B.3}$$

式中 $P_{ij,\max}$——线路 ij 流过的有功上限值，按照线路实际参数作为约束。

变压器有功无功应满足

$$-0.8S_{Ti,\max}\leqslant\sqrt{[P_{Ti}(V,\theta)]^2+[Q_{Ti}(V,\theta)]^2}\leqslant S_{Ti,\max} \tag{B.4}$$

式中 $S_{Ti,\max}$——变压器 Ti 允许的最大运行功率；

  P_{Ti}——变压器 Ti 的额定有功功率；

  V——节点电压幅值；

  θ——节点电压相位；

  Q_{Ti}——变压器 Ti 的额定无功功率。

如果超出承载力条件，根据给定的限电策略进行限电。对分布式电源限电的处理包括多种方式。

一是阶梯方式降出力运行。对越限线路上所有分布式电源按照给定的阶梯方式降出力运行，譬如每次降 10% 或者 30%，直至稳态潮流计算下的电压和电流满足运行要求。

二是优化确定出力。通过优化方法，在电压和电流满足运行要求下对所在线路的分布式电源进行出力优化。相对来说，前者相对简单、实用，适合于实际情况；后者相对复杂、准确，适合学术研究或者配电网智能化程度较高阶段。本报告借鉴德国中低压分布式光伏运行管理经验，采用前者，采用阶梯方式降出力运行。